윌리엄 오닐의 성공 투자 법칙

윌리엄 오닐의
성공 투자 법칙

**월스트리트
최고 투자 전략가의
매매 기법 5단계**

윌리엄 오닐 지음 | 김태훈 옮김

The
Successful
Investor

William J. O'Neil

이레미디어

성공 투자에 이르는 법

주식시장이 크게 출렁일 때마다 대부분의 투자자가 엄청난 손실을 입는 것을 보았다. 트레이딩에 입문한 초보 투자자부터 노련한 트레이더까지 모든 투자자가 보다 많은 투자 지식과 현실적인 도움을 필요로 한다는 사실을 깨달았다. 언제나 그랬듯이 앞으로도 그럴 것처럼 분명히 나타날 주가 회복과 함께, 혼란스러운 미래 시장에서도 많은 투자자가 수익을 낼 수 있도록 최대한 빨리 이 책을 내기로 결심했다.

먼저 나는 성공 투자를 하고 싶다면 투자자들이 반드시 알아야 하는 모든 필수 주제, 핵심 방법론, 기법, 요점을 정리했다. 그다음으로 IBD의 뛰어난 편집자이자 성공 투자자인 웨스 만**Wes Mann**에게 도움을 청했다. 그가 녹음기를 켜둔 가운데 나는 요점별로 이 책의 전체적인 내용을 말로 풀어냈다. 그는 내 말을 주의 깊게 듣다가 쉽게 이해하기 힘든 내용이 나오면 질문을 던졌다. 이렇게 녹음된 내용을 일일이 타자로 입력한 후 나와 웨스가 따로 편집했다. 우리는 의미가 바뀌지 않도록 주의하면서 어색한 문장을 전부 다듬었다. 그 다음 나는 차트 샘플을 골라서 차트를 읽기 위해 투자자들이 알아야 하는 중요한 요소들을 표시했다. 차트는 좋은 종목을 고르고 전반적인 시장뿐 아니라 개별 종목의 매매 타이밍을 포착하는 능력을 개선하는 데 도움을 준다. (매도 규칙을 세우지 않고 전체 지수와 주가 및 거래량에서 나타나는 주요 매도 지표를 포착하지 못하는 것은 투자자들이 큰 손실을 보는 주요한 원인이다)

이 책이 차트를 보는 눈을 기르고, 성공 투자법을 점검하는 데 도움이 되길 바란다.

차례

1 단 계

2 단 계

3 단 계

성공 투자자가 해야 할 일,
그리고 하지 말아야 할 일

시장은 당신이 누구인지 신경 쓰지 않는다

왜 지금 이 책이 필요한가? 당신이 주식이나 뮤추얼펀드에 투자해봤다면 이미 그 답을 알 것이다. 아마 당신은 2000년 봄부터 시작된 하락장에서 평생 동안 힘들게 모은 자산의 50~80퍼센트를 잃어버린 8,000만 미국인 중 한 명일 것이다. 당신은 그런 일을 절대로 다시 겪고 싶지 않을 것이다. 하지만 무엇이 왜 잘못되었는지 알지 못하면 당신에게 일어난 그 일이 똑같이 반복되지 말라는 보장은 없다.

이 책의 목적은 당신이 지금까지 저질렀고, 타당한 규칙과 원칙을 토대로 투자 결정을 내리지 않으면 앞으로 또 다시 저지르게 될 실수들을 파악하도록 돕는 것이다. 그래야만 당신의 삶을 실질적으로 바꿀 수 있을 정도의 투자 실적을 만들어내는 길에 오를 수 있다. 초보 투자자라면 성공 투자자가 되기 위해서 해야 할 일뿐만 아니라 하지 말아야 할 일이 무엇인지도 알아야 한다.

근래에 일어난 주가 폭락에 대해 평생 한 번 겪을까 말까 한 일 아니냐고 반문할 수도 있다. 그렇기도 하고 아니기도 하다. 무슨 일이든 다 될 것만 같았던 1990년대 호황기에 형성되어 2000년대 초반에 터진 주가 버블은 매우 드문 사례였다. 우리는 지난 70년 동안 이같은 일을 보지 못했다. 그러나 이 버블은 정도만 달랐을 뿐이다. 주가가 크게 부풀려진 대다수 하이테크 종목들이 편입된 나스닥종합지수를 보면 1990년대 주가는 엄청나게 과열되었던 '광란의 20년대

나스닥종합지수와 다우산업지수 비교

Roaring Twenties(워런 하딩과 캘빈 쿨리지의 시장방임주의 정책에 힘입어 자유방임 자본주의와 소비 문화가 절정에 다다른 시기. 1929년 검은 목요일을 기점으로 주가가 대폭락하며 미국 경제는 대공황의 시기로 접어들었다 – 옮긴이)'보다 더 큰 상승폭을 보였다. 뒤이은 급락은 대공황으로 이어진 1929년의 폭락과 비등한 수준이었다.

1990년대 과열장은 1636년의 튤립 구근 광풍과 비교할 만하다. 당시에는 온 세상이 네덜란드에서 튤립 구근을 사야 할 것이라고 믿었다. 그 결과, 네덜란드 증권거래소에서 거래되는 튤립 구근 가격은 기록적인 수준까지 올랐다가 바닥으로 곤두박질쳤다. 1990년대에 일어난 인터넷 열풍도 이와 비슷한 양상으로 전개됐다. 당시 투자자들은 이름에 '닷컴'이 들어간 종목은 모조리 보유해야 한다고 생각했다.

이밖에도 최근의 시장 주기는 과거의 시장 주기와 비슷한 모습을 보인다. 이 점은 확실하다. 나는 지난 45년 동안 개인투자자이자 여러 정상급 투자 매니저들의 자문으로 매일 주식시장에 참여하면서 수많은 강세장과 약세장을 경험했다. 게다가 나는 최고의 데이터베이스 조사 기업을 이끄는 사람으로서 주식시장과 선도 종목에 대한 가장 확정적인 연구 중 하나를 실행하기도 했다.

1998년에서 2002년에 걸쳐 나타난 급변기를 경험하면서 가장 인상적이었던 사실은 대부분의 상황이 거의 변하지 않았다는 것이다. 근래의 하락기에 발생한 손실은 특이할지 모르지만 그런 손실을 초래한 원인이 된 실수는 그렇지 않았다. 투자자들은 모든 주기에 매번 비슷한 실수를 저질렀다.

생각해보면 그 이유는 자명하다. 시장은 거의 100퍼센트 인간적 감정과 개인적 의견에 따라 행동하는 수많은 사람으로 구성돼 있다. 그래서 매일 군중심리가 고스란히 노출된다. 특히 대규모 투자 결정을 이끄는 희망과 공포, 자긍심, 자존심과 관련해서는 더욱 그렇다. 인간의 본성은 지금이나 1929년이나 1636년이나 크게 변한 것 없이 거의 비슷하다.

우리가 알아야 할 점은 성공 투자는 개인적인 감정이나 의견과는 관련 없다는 것이다. 주식시장은 우리가 어떤 사람인지, 어떤 생각을 하는지, 어떤 감정을 느끼는지 신경 쓰지 않는다. 주식시장은 인간의 욕망에 무관심하고, 상식을 고려하지 않으며, 화가 날 만큼 상반된 모습을 보이고, 모든 변곡점에서 대부분의 투자자를 혼란에 빠트리려고 혈안이 되어 있는 특이한 괴물이다. 주식시장이 따르는 유일한 법칙은 '수요·공급의 법칙'뿐이다. 투자자로서 이 같은 현실을 파악하고 시장의 흐름을 거스르기보다는 따르는 법을 익히기 전에는 기껏해야 미미한 성과밖에 얻지 못할 것이다.

자신의 재정적 안정에 대해 점점 더 많은 책임을 져야 하는 미국인들의 상황을 고려할 때 이는 유감스러울 수밖에 없는 부분이다. 가령 머지않아 사회보장제도가 적어도 부분적으로 민영화되면 그동안 정부가 당신의 노후를 위해 맡아두었던(그리고 한심한 투자 실적

을 내던) 자금의 일부에 대해 당신 스스로 투자 결정을 내릴 수 있게
될 것이다.

하지만 자신의 의견이 아니라 시장의 의견을 따르는 일은 결코
쉬운 일이 아니다. 스스로 똑똑하다고 생각하는 사람일수록 어려운
일이다. 당신은 석박사 학위를 따고 자신의 분야에서 주목할 만한
성과를 낸 엘리트일지도 모른다. 특정 분야에 대해 의견을 내면 대부
분의 경우 반박당하는 일이 없는 전문가일지도 모른다. 바로 이런
점들이 당신이 시간, 생각, 자존심을 들여서 내린 투자 결정이 잘못
됐을 때 그 사실을 인지하거나 인정하기 어렵게 만든다. 당신이 어
떤 사람이고 어떤 생각을 하는지는 시장에서 아무 의미가 없다. 다
시 한 번 말한다. 아무 의미가 없다. 시장은 무엇이든 하고자 했던
대로 할 것이다. 시장과 다퉈봐야 돈만 잃을 뿐이다.

팩트와 시장은 틀리는 법이 없다

시장에서 가장 큰 실수로 손꼽히는 사건들은 모두 다 똑똑하기로
유명한 사람들이 저질렀다. 고위 경영직에 있는 박사학위 소지자였
던 사람이 1990년대에 가장 주가가 많이 오른 종목 중 하나인 시스
코 시스템즈Cisco Systems가 50달러까지 떨어졌을 때 너무 좋은 회사라
서 매수했다고 내게 말했던 기억이 난다. 나는 이 좋은 회사의 주가
가 8달러까지 떨어지기 전에 그가 자존심을 접어두고 빠져나왔기를
바랄 뿐이다. 전문투자자라고 해서 아마추어 같은 실수를 저지르지

않는 것은 아니다. 내가 아는 채권 펀드 매니저는 주당 1.5달러에 월드컴WorldCom 주식을 사들였다. 64달러에서 그 정도까지 떨어졌으니 더 이상 하락할 리 없다고 믿었던 것이다. 하지만 그럴 리가 있었고, 실제로 그렇게 되었다. 내가 마지막으로 확인한 주가는 17센트였다.

투자자와 투자자문을 막론하고 엄청나게 많은 사람이 2000년에서 2002년에 걸쳐 나타난 하락기에 손실을 입었다. 시간을 들여서 타당한 투자 규칙과 원칙을 익히려 노력하지 않았기 때문이었다. 1990년대의 호황기를 겪으며 사람들은 크게 노력하지 않아도 쉽게 돈을 벌 수 있는 길을 찾아냈다고 생각했다. 그래서 그냥 사소한 팁, 홍보, 이야기만 듣고 아무런 망설임 없이 투자 결정을 내렸다. 시장 리스크를 파악하거나 대규모 손실을 방지하는 법을 익히려 하지 않았다. 또한 시장이 위로 향하는지 아래로 꺾이는지 분석하는 방법을 알지 못했다. 그리고 가장 나쁘게도 매도 규칙을 전혀 갖고 있지 않았다!

하지만 이 모든 것이 전혀 문제 없는 것처럼 보였다. 무슨 상관인가. 인생은 순탄했고, 모든 것이 너무나 쉬워 보였다. 사람들은 점점 더 부주의해지고 자제력을 잃었다. 심지어 일부 기업의 리더는 거짓말을 하고 속이고 과장해도 괜찮다고 생각했다. 어차피 나라를 이끄는 리더도 그랬고, 그렇게 하고도 별로 타격을 입지 않았기 때문이다.

주식시장에서 해야 할 일은 주가가 떨어질 때마다 하이테크 종목을 사들이는 것뿐이었다. 언제나 반등하며 주가가 올랐기 때문에 이런 대처는 당연하게 받아들여졌다. 뚜렷한 근거 없는 뜬소문에 불과한 것일지라도 의견은 풍부했다. 전문가라고 해서 특별히 다른 행태를 보인 것도 아니다. 수많은 전문가가 주식 방송에 나와 종일 무슨 무슨 종목을 사라고 떠들어댔다. 사람들이 원하든 원하지 않든 친구, 이웃, 투자자문, 영업사원 등 모두가 나름대로 조언할 준비가 되어 있는 것처럼 보였다. 아무리 허술한 투자 이론도 충분히 타당한 설명을 제시할 수 있는 것처럼 보였다.

많은 사람이 주식 투자를 누구나 참여할 수 있는 스포츠나 국민적 오락처럼 생각했다. 내가 다니던 헬스장에서 동료로 보이는 두 사람이 인터넷 검색엔진인 야후Yahoo를 폄하하던 기억이 난다. 야후의 주가가 100배나 뛴 상승세가 나타난 초기였다. 두어 해 후 나는 다른 두 사람이 운동을 하면서 야후 주가가 조정 받아 하락할 때마다 사 모으면 큰돈을 벌 수 있을 거라고 말하는 것을 들었다. 그들은 1990년대 후반까지 이어진 야후 상승기를 대부분 놓친 것이 분명했다. 하지만 헬스장 사람들은 야후가 상승할 것을 명백한 사실로 받아들였다. 그러나 2000년 1월 주당 250달러이던 야후의 주가는 2001년 9월 8달러까지 떨어졌다. 헬스장 사람들은 더 이상 주식시장에 대해 말하지 않았다.

2000년 3월 버블이 터졌을 때, 우리가 1984년에 창간한 전국 증권지인 〈인베스터스 비즈니스 데일리Investor's Business Daily〉를 제외하고는 그 누구도 꾸준히 매도 의견을 내면서 주식 보유량을 줄이고 현금을 늘려야 한다고 거듭 경고하지 않았다. 투자자들은 큰 대가를 치르고서야 시장의 기본적인 진실을 배울 수 있었다. 그것은 주식시장에 대한 개인적 의견, 감정, 희망, 믿음은 대개 틀렸으며, 종종 위험할 수 있다는 것이었다. 반면 팩트와 시장은 틀리는 경우가 드물다. 수요·공급의 법칙은 월가나 월가 밖에 있는 모든 애널리스트의 모든 의견보다 더 잘 들어맞는다.

투자자들은 이제 힘들게 번 돈을 투자하기에 앞서 훨씬 많은 것을 알아야 한다는 사실을 깨달았다. 제대로 수익을 올리는 동시에 심각한 손실로부터 자신을 보호하려면 타당하고 검증된 규칙과 절차가 필요하다는 사실을 알게 되었다. 이제는 방법론을 읽고, 배우고, 재평가하고, 크게 개선할 때가 된 것 아닐까?

백만장자를 만든 투자 비법, 감정이 아닌 팩트에 투자하라

투자를 시작하고 나서 나는 사람들이 저지르는 실수를 대부분 직접 경험했다. 그래서 나쁜 습관이 어떻게 형성되고, 그 습관을 버리기가 얼마나 어려운지 잘 알고 있다. 그래도 버려야 한다. 그래야 시장이 실제로 움직이는 방식에 기반한 새로운 습관을 기를 수 있다. 처음에는 이 새로운 습관들이 이상하게 느껴질 수도 있다. 당신은 물론 대부분의 사람들이 하고 싶어 하지 않거나, 익숙하지 않거나, 한 번도 해야 한다고 생각한 적 없는 일을 하라고 강요하기 때문이다. 그러나 이런 습관들을 정확하게 적용하다 보면 시간이 흐를수록 투자 성과가 크게 개선될 것이다. 우리가 익혀야 할 새로운 습관을 요약하면 다음과 같다.

- 주가가 하락할 때가 아니라 상승할 때 매수한다. 추가 매수는 주가가 매수가 밑으로 떨어졌을 때가 아니라 매수가 위로 올랐을 때 한다.
- 주가가 너무 낮아서 싸 보일 때가 아니라 연중 최고치 근처에서 매수한다. 최저가 종목이 아니라 고가 종목을 매수한다.
- 주가가 반등하기를 기다리지 말고 작은 손실이 났을 때 재빨리 매도한다.
- 장부가치나 배당률, 주가수익비율에 신경 쓰지 않는다. 이런 요소들은 지난 50년 동안 미국에서 가장 성공한 기업들을 예측하는 데 거의 쓸모없었다. 대신 이익 증가율이나 주가 및 거래량 변동 또는 업계 이익률 1위 여부처럼 보다 중요한 검증된 요소들에 초점을 맞춘다.
- 소식지나 자문 서비스를 구독하지 않으며, 틀릴 확률이 높은 개인적 의견을 밝히는 것에 불과한 애널리스트들의 추천에 영향 받지 않는다.

이와 더불어 또 하나 중요한 원칙이 있다면, 차트와 친숙해져야 한다. 차트는 아마추어들이 복잡하다거나 무의미하다는 이유로 무시해버리기 일쑤지만 전문가들은 없으면 안 되는 것으로 생각하는 귀중한 도구다.

나는 투자를 시작한 뒤에 많은 실수를 저지르고 나서 투자 실적을 크게 개선하기 위해 세 가지 일을 했다. 첫째, 최고 실적을 기록한 최고의 투자자들이 어떻게 의사결정을 내렸는지 공부했다. 이를 위해 1950년대 말 자신의 이름을 딴 뮤추얼펀드를 운용한 잭 드레이퍼스Jack Dreyfus, 1960년대 초 피델리티 인베스트먼트Fidelity Investments를 이끈 네드 존슨Ned Johnson과 제리 차이Jerry Tsai, 1920년대부터 1960년대까지 꾸준히 돈을 번 《투자 생존 전쟁The Battle for Investment Survival》의 저자이자 주식중개인인 제럴드 로엡Gerald Loeb, 에드윈 르페브르Edwin Lefevre가 1923년에 발표한 고전 《어느 주식 투자자의 회상Reminiscences of a Stock Operator》에서 시장 공략과 투자법을 자세히 다룬 바 있는 제시 리버모어Jesse Livermore에 대해 연구했다. 이들은 모두 투자에 본격적으로 뛰어든 뒤 믿을 수 없을 만큼 좋은 실적을 기록했다.

둘째, 나는 실수로 돈을 잃거나 수익의 대부분을 반납하면 주간 차트를 보며 각각의 종목을 정확히 어느 지점에서 매수하고 어느 지점에서 매도했는지 살폈다. 또한 돈을 잃거나 큰 기회를 날리면 내가 무엇을 잘못했는지 철저히 분석했다. 그런 다음 이 같은 분석 결과를 바탕으로 새로운 규칙을 정하고 같은 실수를 반복하지 않도록 이 규칙들을 세심하게 따랐다. 장이 열리는 날이면 항상 갖고 다니는 작은 노트의 처음 한두 페이지에 이 규칙들을 적어놓고 수시로 읽으며 마음을 다잡았다.

셋째, 과거 여러 해에 걸쳐 크게 상승한 종목의 차트를 50개 정도 모았다. 그리고 이 종목들의 주가가 2배나 3배 뛰기 전에 펀더멘털 측면(이익 증가율 등)과 기술적 측면(주가와 거래량 변동)에서 어떤 모습을 보였는지 분석했다. 그 결과, 이 종목들이 공통적으로 가지고 있는 핵심 특성들을 간추릴 수 있었다. 이를 통해 앞으로 어떤 요소들을 살펴야 할지 알 수 있었다.

이 모든 노력이 얼마나 효과가 있었을까? 실제로 어떤 실적을 기록했을까? 1998년부터 2002년까지 미 개인투자자협회American Association of Individual Investors는 우리가 캔 슬림 투자 대상 조사 도구CAN SLIM™ Investment Research Tools(부록 B 참고)라 부르는 시스템의 실적을 매달 실시간으로 연구, 분석했다. 시카고에 기반을 둔 미 개인투자자협회는 내가 앞서 펴낸 책《주식으로 돈 버는 법How to Make Money in Stocks》에서 정의하고 설명한 우리 시스템의 실적과 규칙을 피터 린치Peter Lynch와 워런 버핏Warren Buffett의 것을 포함해 52개 유명 투자 시스템의 실적과 비교했다. 존 바이코프스키John Bajkowski가 2003년 4월 미 개인투자자협회 협회지에 실은 글에 따르면 그 결과는 다음과 같다(부록 A 참고).

미 개인투자자협회는 5년 넘게 선별 시스템의 실적을 폭넓게 검증했다. 캔 슬림 투자법에 대한 우리의 평가는 강세장과 약세장 모두에서 가장 꾸준하고 강력한 실적을 낸 선별 시스템이라는 것이다.

미 개인투자자협회가 독자적으로 조사해 확인한 캔 슬림의 투자 실적은 다음과 같다. 1998년 28.2퍼센트, 1999년 36.6퍼센트, 2000년 38퍼센트, 2001년 54.4퍼센트, 2002년 20.7퍼센트. 2년 동안의 강세장(상승장)과 3년 동안의 대단히 힘든 약세장(하락장)이 펼쳐진 5년 동안의 총수익률은 350.3퍼센트였다. 같은 기간 S&P는 8.3퍼센트 하락했다. 미 개인투자자협회가 2003년 3월 14일 우리 규칙을 적용해 선별한 결과, 약 1만 개 종목 중에서 살아남은 종목은 4개뿐이었다. 2003년 3월 14일부터 6월 30일까지 살펴본 결과, 47.84달러에서 61.80달러로 마감한 아폴로^{Apollo}(APOL), 28.30달러에서 24.97달러로 마감한 FTI컨설팅^{FTI Consulting}(FCN), 78.01달러에서 102.33달러로 마감한 인터내셔널 게임 테크놀로지^{International Game Technology}(IGT), 38.10 달러에서 56.90달러로 마감한 테바 파마소티컬^{Teva Pharmaceutical}(TEVA) 이 바로 그 종목이다. 이 종목들의 평균 상승률은 24.5퍼센트였다.

1980년대부터 1990년대까지 우리의 투자 규칙과 투자 방법론을 공부하고 적용한 수천 명의 헌신적이고 열성적인 〈인베스터스 비즈니스 데일리〉 구독자들은 수백 퍼센트에서 1000퍼센트가 넘는 순수익을 올렸다. 그중 다수는 백만장자 대열에 합류했다. 물론 우리가 거듭 강조한 대로 손실을 재빨리 털어내거나, 매도 시점에 대한 규칙을 따라 가치 있는 수익을 확정하는 일이 모두에게 쉬운 것은 아니었다. 우리 교재를 대충 훑어보거나, 진정한 자제력과 결단력을 발휘하지 못하거나, 고점을 파악하는 규칙을 이해하지 못한 경우에는 확실히 훨씬 실망스러운 결과를 얻었다.

데이터 어낼러시스^{Data Analysis} 지주회사가 운영하는 자산관리그룹은 2003년 6월 마감 기준으로 5년 동안 1356퍼센트의 순수익률을 기록했다. 〈인베스터스 비즈니스 데일리〉의 '투자자 코너Investor's Corner'에 실린 수백 개의 교육용 기사뿐 아니라 '빅 픽처Big Picture' 칼럼의 전반적인 시장 동향에 대한 일간 팩트 분석을 자세히 읽고 이해한 독자들은 2000년 3월과 4월 주식을 팔고 현금을 확보했다.

자매 회사인 윌리엄 오닐 플러스 코William O'Neil+Co.가 1977년부터 기관투자자들을 위해 매주 발행하는 '뉴 스톡 마켓 아이디어New Stock Market Ideas(NSMI)'는 캔 슬림 투자법을 이보다 더 긴 기간에 걸쳐 실시간으로 적용했다. NSMI는 1977년부터 2002년 말까지 총 2만 6,173퍼센트의 수익률을 올렸다. 해마다 꾸준히 올린 실적을 더하면 이처럼 놀라운 결과가 나온다. 이 결과는 같은 기간 밸류 라인Value Line의 수익률 1위 종목들보다 수익률이 6배 이상 높을 뿐 아니라 909퍼센트를 기록한 S&P 상승률과도 크게 비교된다.

우리 시스템이 수천 명의 진지하고 헌신적인 투자자들에게 대단히 좋은 성과를 안겨줄 수 있었던 진정한 비결은 내 개인적인 관점이나 신념 또는 의견을 토대로 삼지 않았다는 것이다. 캔 슬림은 전적으로 지난 반세기 동안 해마다 탁월한 수익률을 기록한 모든 종목을 포괄적으로 조사한 데서 얻은 팩트에 기반한다. 이 종목들이 최고 수익률을 기록하기 전에 보여준 공통된 속성이 우리의 매수 규칙에 반영됐다. 수익률 선도 종목의 추세가 결국 꺾였을 때 바뀐 변수들 또한 우리의 매도 규칙에 반영됐다. 이 책에서 설명하는 규칙과 원칙 중 하나라도 어긴다면 투자를 하면서 결코 경험하고 싶지 않은 실수를 많이 저지르게 될 것이다. 그리고 그것은 아마도 오랜 세월 동안 주식시장이 실제로 작동해온 양상에 맞서는 일일 것이다.

우리는 역사적 모델을 꼼꼼하게 분석한 데 더하여 미국 최고의 기관투자자 중 다수와 오랫동안 협력하면서 조사하고 아이디어를 제공해본 경험이 있다. 우리는 1963년 최초의 역사적 일간 주식시장 데이터베이스를 구축했다. 현재 윌리엄 오닐 플러스 코는 600여 개에 이르는 기관투자자들을 전산 조사 정규 고객으로 두고 있다. 이는 세계 최대 규모다. 그중 하나로 우리의 데이터베이스에 연결된 강력한 인터페이스를 갖춘 원다**WONDA** 서비스가 있다.

우리는 2002년 일부 월가 기업들이 직면했던 문제를 전혀 경험하지 않았다. 그 이유는 우리 비즈니스가 그들과 완전히 다르고 독립적이기 때문이다. 우리는 펀더멘털 분석 조사 보고서나 추천 의견을 내지 않는다. 또한 투자은행업을 하지 않고, 시장 조성자(매수·매도 가격을 제시해 가격 형성을 주도하고 시장에 유동성을 공급하는 금융사-옮긴이)로 나서지 않으며, 일반 투자자를 상대하는 영업 직원이나 영업점을 두고 있지 않다. 채권이나 원자재 또는 외환 거래도 하지 않는다. 우리는 오직 정교하고 진전된 컴퓨터 데이터베이스를 활용해 고도로 전문화된 기관투자자 비즈니스만 하고 있다.

나는 이 책에 5개의 간단한 단계만 거치면 성공 투자자가 될 수 있는 오래된 비결을 정리해놓았다. 그 내용을 잘 이해하고 적절히 활용할 수 있을 때까지 읽고 또 읽을 욕구와 의지가 있다면 훨씬 더 나은 삶을 영위하고, 당신이 원하는 것들을 더 많이 가질 수 있을 정도로 투자 성과가 개선될 것이다. 많은 돈이나 명문대 졸업장은 필요 없다. 누구나 할 수 있다. 당신도 할 수 있다. 그러니 한번 해보라. 모든 것은 당신에게 달려 있다.

차트는 모든 것을 보여준다

사람들은 그림 하나가 1,000마디 말과 맞먹는다고 말한다. 성공 투자자에게 주식 차트라는 그림은 그보다 훨씬 큰 가치를 지닌다. 그 가치는 단지 말로만 설명할 수 있는 것이 아니다. 차트는 의사가 참고하는 엑스레이처럼 안목만 갖춘다면 개별 종목이나 주식시장 전체가 건강한지 병들었는지 바로 파악할 수 있게 해준다. 또한 이를 바탕으로 개별 종목의 현황과 주식시장에 들어가야 할지 빠져나와야 할지 쉽게 알 수 있다. 앞으로 살펴보겠지만 이는 투자에 있어 커다란 차이를 만든다.

당신이 차트에 익숙하지 않거나 차트를 분석하는 것은 너무 기술적이라고 생각하더라도 걱정하지 마라. 처음 수영장에 갔을 때를 떠올려보라. 분명히 물이 무서웠을 것이다. 그러나 약간의 시간을 들여 어느 정도 교육을 받고 나면 나중에는 수영장에서 나가기가 싫어진다. 물론 차트는 수영처럼 흥미롭게 익히기는 어렵다. 그러나 약간의 노력을 기울여서 차트가 보여주는 패턴을 파악하게 된다면 미래의 투자 성과를 크게 개선할 수 있다.

차트를 공부하는 시간이 길어질수록 투자 실력은 늘어난다. 게다가 거대한 주가 변동을 미리 알려주는 패턴을 파악할 수 있을 뿐 아니라 완전히 잘못되어서 피해야 하는 패턴도 분간할 수 있다. 이는 돈을 잃게 만드는 실수를 줄이는데 엄청난 영향을 미친다.

많은 회의론자가 지식이 부족한 탓에 차트 분석을 점술과 비슷한 범주라고 말한다. 그러나 그들은 대부분의 영역에서 전문가들이 더 나은 결정을 내리기 위해 차트를 활용하고 있다는 사실을 고려하지 않는다. 가령 엑스레이나 심전도**EKG** 또는 MRI 없이 환자의 건강 상

기업 XYZ 주간 차트

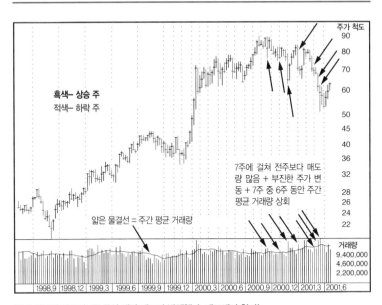

주간 차트에 따르면 7주 동안 대량 매도가 발생했다. 매도해야 한다!

태를 자신 있게 진단하는 의사는 없다. 투자 부문의 전문가들도 같은 방식으로 차트를 활용한다. 의사가 진단용 이미지를 살피지 않고 환자를 치료하지 않듯이, 크게 성공한 투자 전문가들은 차트를 살피지 않고 매수나 매도를 하지 않는다.

아래 그림은 투자자들이 가장 흔히 활용하는 막대 차트**bar chart**다. 막대 차트는 주가와 시간이라는 2개 축을 바탕으로 그려진다. 주가 척도는 오른쪽에 있는 금액을 기준으로 오르내린다. 시간 척도는 아래쪽에 나와 있다. 이 사례에서 시간 간격은 1주다. 다시 말해서 각 막대는 세 가지 지표로 한 주의 가격 변동을 나타낸다. 막대의 상단은 그 주에 거래된 최고가다. 막대의 하단은 그 주에 거래된 최저가다. 가로대 또는 수평 표시선은 그 주의 종가 또는 마감가를 가리킨다.

차트 하단에는 주간 거래량을 측정하는 온도계 역할을 하는 막대들이 있다. 가령 이 차트를 보면, 가장 오른쪽에 나오는 마지막 주에 주가가 최고 약 64달러, 최저 약 60달러를 기록했으며, 주간 고점 근처인 63.5달러에 마감했음을 알 수 있다. 총거래량은 1,000만 주가 훌쩍 넘는다. 이전 주에는 고점이 약 63달러였고 저점이 56.5달러를 조금 넘겼다. 종가는 60달러 조금 아래였다. 거래량은 마지막 주보다 2,000만 주 많다. 차이를 쉽게 알아볼 수 있도록 상승 주(종가가 전 주보다 높아진 주)는 흑색으로, 하락 주(종가가 더 낮아진 주)는 적색으로 표시했다. 나중에 깨닫겠지만, 이는 매우 편리한 방식이다.

주가 척도가 아코디언처럼 어떤 부분에서는 길게 늘어났다가 다른 부분에서는 줄어드는 것이 이상해 보일 수도 있다. 그 이유는 이 차트가 산술 기준이 아닌 로그 기준을 따랐기 때문이다. 나는 올바른 비율로 종목이나 시장의 변동을 보여주기 때문에 로그 척도를 선호한다. 다시 말해서 40달러에서 80달러로 100퍼센트 상승한 구간은 80달러에서 120달러로 50퍼센트 상승한 구간보다 2배 가파르게 그려진다. 둘 다 40포인트만큼 상승했지만 말이다. 앞으로 이런 방식으로 표시된 차트를 많이 보게 될 것이다. 또한 더 많은 정보를 제공하기 위해 선들이 추가될 것이다. 이 책을 다 읽고 나면 차트에 나타난 모든 정보를 활용해 다른 99퍼센트의 투자자들이 실행하기는커녕 보지도 못하는 것들을 알게 될 것이다. 다시 말해서 당신은 프로처럼 투자하게 될 것이다.

앞서 의미를 설명했으니 기본적인 차트는 이제 아주 단순해 보일 것이다. 차트는 이야기를 들려주는가? 당연하다. 이 몇 개의 선을 통해 해당 주식이 오랫동안 양호하게 상승세를 보여왔으며, 따라서 보유할 만한 가치가 있었음을 파악할 수 있다. 한편, 오랫동안 호가를 높여온 많은 매수자가 현재 매도자들에게 압도당하고 있어서 앞으로 어려움에 처할 것이라는 사실을 알 수 있다. 그래서 과거 수익률이 아무리 좋았더라도, 현재 회사가 아무리 사업을 잘하고 있더라도, 주가가 내려가서 아무리 싸게 보이더라도 나는 절대 매수를 고려하지 않을 것이다. 그리고 만약 현재 이 종목을 보유하고 있다면 심각하게 매도를 고려할 것이다.

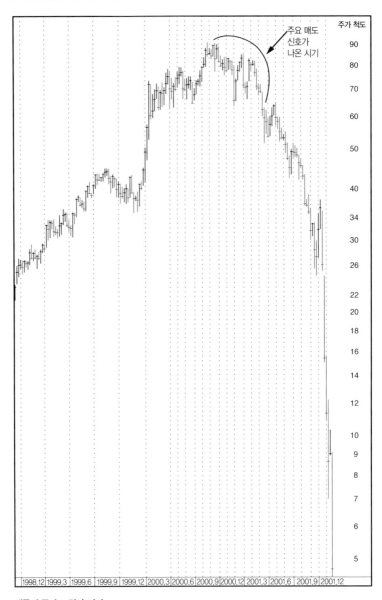

주요 매도
신호가
나온 시기

주가 척도

엔론의 주가 고점과 여파.

이 차트는 2001년 4월 엔론Enron 주식의 상황을 보여준다. 이 무렵 엔론은 99퍼센트 이상 주가가 폭락하고 결국 회사가 파산하면서 수천 명의 임직원과 주주들에게 막대한 고통을 주고 경제에 아직도 아물지 않은 상처를 남기기 직전이었다. 투자자들이 차트를 활용하는 법을 알아서 바로 눈앞에서 전개될 비극을 간파할 수 있었더라면 얼마나 좋았을까!

이 책은 짧다. 하지만 각각의 차트가 1,000마디 말과 맞먹는다는 점을 감안하면 이 책의 분량에 100만 마디 말을 더할 수 있을 것이다.

1단계

지금, 시장은
어디로 가고
있는가?

The
Successful
Investor

경제가 시장을 이끄는 것이 아니라 시장이 경제를 이끈다

왜 주식시장이 전체적으로 오르락내리락하는지 그 이유를 분석하는 방법에 대해 설명하는 것으로 이 책을 시작하려는 것일까? 그이유는 S&P500 지수나 나스닥종합지수 또는 다우존스산업지수로 표시되는 전반적인 시장이 고점을 찍고 하락 반전하면 우량성이나 실적과 관계없이 당신이 보유한 주식 중 4분의 3은 따라서 하락할 것이기 때문이다.

시장이 고점을 찍는 시점을 미리 예측할 수 있으면 극소수의 투자자만이 개발할 수 있는 기술을 소유하게 되는 것이나 다름없다. 월가의 전문가들까지 포함해서 말이다. 월가의 전문가들 역시 전체 시장이 고점을 찍고 개인투자자 중 98퍼센트가 손실을 입은 2000년, 고객들에게 주식을 처분하고 현금을 확보하라고 조언하지 못했다. 이들 전문가, 다시 말해 주식중개인, 투자전략가, 경제학자가 잘못한 것은 무엇일까? 이들은 시장이 어떻게 움직일지 예측하는 데 있어 순전히 개인적인 의견에 의존했다. 또한 이들은 자신이 선호하는 10여 개 비즈니스 및 경제 지표에 대한 스스로의 해석에 너무 많이 의존했다.

그러나 이런 접근법은 통하는 경우가 드물다. 경제가 시장을 이끄는 것이 아니라 시장이 경제를 이끌기 때문이다. 현명한 사람들이 오래전에 전체 시장의 대리 지표인 S&P500을 '우연적' 지표나 '지행lagging' 지표가 아니라 정부가 매달 발표하는 '주요' 경제 지표 중 하나에 포함시킨 이유가 바로 여기 있다. 요컨대 월가 전문가들은 경제를 주식시장의 예측 지표로 활용함으로써 앞뒤를 완전히 뒤바꾸었다.

기술적 분석가로 불리는 다른 전문가 집단은 등락주선advance-decline line, 투자심리 척도, 과매수–과매도 지표 같은 50~100개 정도의 기술적 지표를 따른다. 그러나 나는 지난 45년 동안 시장의 고점과 저점을 제대로 짚어내는 기술적 분석가를 보지 못했다. 기껏해야 한 번은 맞고 다음번은 틀리는 정도였다. 그 이유는 그들이 따르는 폭넓은 기술적 지표가 부차적인 것이며, 전반적인 시장 평균 지수보다 훨씬 덜 정확하기 때문이다. 여기에 중요한 교훈이 있다. 모든 일에서 고도의 정확성을 기하려면 대상 자체를 세심하게 관찰하고 분석해야 한다. 호랑이를 알고 싶다면 날씨나 초목 또는 산에 사는 다른 동물이 아니라 호랑이를 살펴야 한다.

세인트루이스 카디널스St.Louis Cardinals의 영원한 도루왕 루 브록Lou Brock은 오래전에 도루 기록을 깨기로 작정하고 나서 모든 빅리그 투수를 1루 뒤쪽에서 고속필름으로 촬영했다. 그다음 이 필름을 보면서 1루로 견제구를 던질 때 몸의 어느 부위가 먼저 움직이는지 확인했다. 브록이 이겨야 할 대상은 투수들이었다. 그래서 그는 투수들을 아주 면밀히 연구했다. 2003년 슈퍼볼Super Bowl에서 탬파베이 버커니어스Tampa Bay Buccaneers는 오클랜드 레이더스Okland Raiders 쿼터백의 눈 움직임과 신체언어를 연구하고 거기에 집중한 덕분에 다섯 번이나 패스를 가로챌 수 있었다. 그들은 그가 어디로 공을 던질지 "읽어냈다". 크리스토퍼 콜럼버스Christopher Columbus는 지구가 평평하다는 통념을 받아들이지 않았다. 수평선 너머로 사라지는 배를 직접 관찰한 결과 그렇지 않다는 사실을 알았기 때문이다. 정부는 도청기, 정찰기, 무인 드론, 위성사진을 활용해 안보를 위협하는 대상들을 관찰하고 분석한다. 그래서 쿠바에 있는 소련의 미사일을 발견할 수 있었다. 주식시장도 마찬가지다. 주식시장이 어디로 가는지 알려면 매일 주요 시장 지수를 관찰하고 분석해야 한다. 절대로 다른 사람에게 "앞으로 주가가 어떻게 될까요?"라고 묻지 마라. 대신 시장이 매일 실제로 어떻게 움직이는지 정확하게 읽는 법을 배워라.

상승장, 분산과 거래량에 집중하라

주가가 매일, 매주 상승하면서 상승세가 이어질 때는 시장 평균지수의 일일 변동뿐 아니라 보다 중요하게는 일일 거래량까지 주시해야 한다. 전체 거래량이 전날보다 증가했는지 또는 감소했는지 살펴라. 또한 그날 거래량이 근래의 일일 평균 거래량보다 많은지 또는 적은지 확인하라. 상승세를 보이는 시장에서 주가와 거래량은 대부분 동반 상승한다. 이는 매도세보다 매수세가 강해서 '매집 accumulation'이 이뤄지고 있음을 말해준다.

이 같은 변동을 추적하는 가장 쉬운 방법은 다양한 지수의 고가, 저가, 종가와 함께 아래쪽에 거래량을 보여주는 막대그래프가 포함돼 있는 차트를 활용하는 것이다. 거래량과 주가가 가까이 표시되어 있어서 둘을 쉽게 번갈아 보며 연결시킬 수 있는 차트가 좋다.

상승세를 보이는 시장은 단지 하루 동안 매도량이 늘었다고 해서 반전하는 일이 없다. 지난 50년 동안 시장이 고점을 찍은 경우를 모조리 분석해본 뒤 알게 된 사실인데, 2~4주에 걸쳐 3~5일 동안(근래에는 주로 5일) 분산distribution(매집의 반대 개념-옮긴이)이 나타나면 상승세가 하향세로 바뀌기에 충분한 상황이 되었다고 봐도 된다. 따라서 분산이 처음 나타난 후 2일째, 3일째, 4일째, 5일째 또 다시 분산이 나타나는지 살펴야 한다. 가령 처음 분산이 나타나고 2일 내지 3일 동안 주가가 상승하다가 거래 마감 시 매도량이 늘어나면서 분산이 나타난다. 이렇게 2일째 또는 3일째 계속 분산이 나타나면 의심을 품기 시작해야 한다. 이 무렵, 당신은 예상했던 수준보다 매도세가 더 강하게 나타난 것을 확인하고 이미 한두 종목 처분했을 수도 있다. 뒤이어 5일째 분산이 나타나면 당신은 전체 시장이 반전해서 하향할 가능성이 대단히 높다는 사실을 깨닫게 될 것이다.

시장이 분산 신호를 보내는 다른 방식도 있다. 우리는 그것을 '정체stalling' 변동이라 부른다. 이 경우 시장은 거래가 활발히 이뤄지는 가운데 상승하다가 갑자기 추가 상승하는 데 애를 먹는 모습을 보인다. 주가가 내려가는 것은 아니다. 다만 전날 또는 전전날과 비교해서 그다지 많이 오르지 않을 뿐이다. 예를 들어, 시장이 몇 주 동안 분명한 상승세를 보이다가 어느 날 거래량이 많은 가운데 40포인트 상승하고 다음 날 30포인트 내지 40포인트 상승하다가 전날과 비슷하거나 더 많은 거래량을 기록하면서 1포인트나 2포인트만 오른 채 마감한다.

앞선 두 가지 경우에선 그때까지 비교적 꾸준히 나타나던 상승세를 무언가가 갑자기 막는 상황이 빚어진 것이다. 그 무엇은 바로 매수세와 매도세의 비율 변화다. 상승세를 보이는 시장에서는 매수세가 강하다. 그러다가 거래량이 정체되고 주가가 하락 반전하면 매도세가 우세해졌다는 의미다.

내가 매도자라는 표현을 쓰지 않는 점에 주목하라. 상승세를 보이는 시장이라고 해서 반드시 매수자가 매도자보다 많은 것은 아니다. 매수자, 가령 뮤추얼펀드 같은 대형 기관이 매도자들이 내놓은 매물보다 많이 사들이면 매도자가 매수자보다 많은 상황에서도 매집이 이뤄진다. 반대로 수백 명이 소량 매수해도 소수의 대형 기관이 대량 매도하면 추세는 쉽게 압도당한다.

주가와 거래량을 같이 지켜보는 것이 대단히 중요한 이유가 바로 여기에 있다. 시장이 하락세를 보여도 거래량이 줄어들면 아무 의미가 없다. 반면 거래량이 크게 늘어나면 이야기가 달라진다. 이 같은 상황은 매도세가 강해져서 시장에 영향을 미칠 정도로 수요 공급 비율이 바뀌고 있음을 말해준다.

3~5일 동안 분산이 나타나는 날을 세다 보면 실제로 대다수 거래일에는 주가가 하락하고 하루 또는 이틀만 약간 상승하는 모습을 보일 것이다. 이런 상황에서는 시장의 움직임을 인식하기가 훨씬 쉽다. 핵심은 어떤 형태든 분산이 나타나는 날을 파악하고 정확하게 세는 것이다.

분산은 S&P500, 나스닥종합지수, 다우존스산업지수 등 주요 지수 모두에서 나타날 수 있다. 〈인베스터스 비즈니스 데일리〉는 한 거래일의 세 지수 차트를 같은 페이지에 보여준다. 나는 개인적으로 매일 이 차트를 확인한다. 그러면 대량 분산이 나타나는 때를 놓치지 않을 수 있다. 대다수 주식중개인과 투자자문들이 이 시장분석법을 알고 있었다면 고객이 실망하는 일을 막을 수 있었을 뿐만 아니라 사업을 크게 키우고 고객 유지율을 높일 수 있었을 것이다.

상승세를 선도하는 개별 종목들을 살펴보다 보면 시장이 반전한다는 추가 증거를 찾을 수 있다. 시장의 역사를 분석한 결과, 선도종목들은 분산이 나타난 날 함께 고점을 찍었다. 뒤에 주가가 상승해서 수익이 나는 도중에 매도해야 할 순간을 파악하는 데 도움이 되는 귀중한 규칙들을 소개할 텐데, 이 규칙 중 다수가 전체 시장에서 분산이 나타날 때 발동된다. 시장 지수와 개별 선도 종목을 활용하는 두 가지 방식을 적용한다면 시장의 상황이 악화될 때 한 발 앞서 파악할 수 있을 것이다.

시장을 설득하지 마라. 전적으로 수긍하고 따르라

시장에서 발을 빼고 주식을 사지 말아야 하는 순간이 있다. 이런 때는 매도를 통해 현금을 확보하고 신용거래 또는 빌린 돈으로 한 거래는 반드시 청산해야 한다. 당신의 바람이나 다른 사람들의 생각이

나스닥종합지수 일간 차트

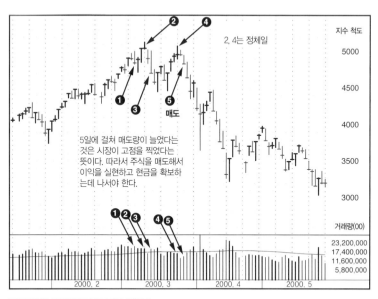

주식시장은 2000년 3월 고점을 찍었다.

일간 차트

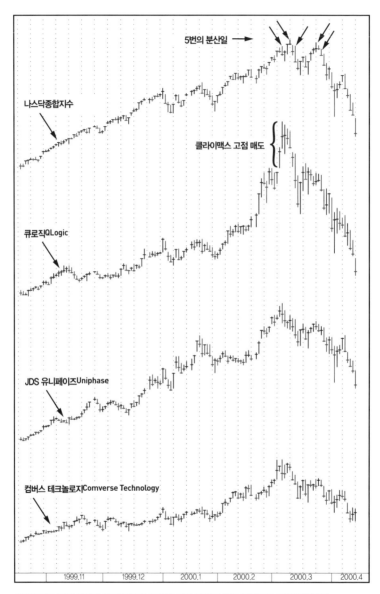

5번의 분산일 ──→

나스닥종합지수

클라이맥스 고점 매도 }

큐로직QLogic

JDS 유니페이즈Uniphase

컴버스 테크놀로지Comverse Technology

| 1999.11 | 1999.12 | 2000.1 | 2000.2 | 2000.3 | 2000.4 |

5일에 걸친 분산과 함께 시장 지수가 고점을 찍은 가운데 선도 종목들도 고점을 찍었다.

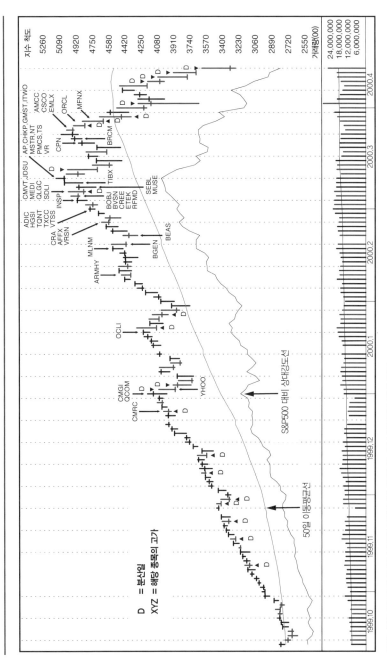

D = 분산일
XYZ = 해당 종목의 고가

핵심 시장 선도 종목들이 고점을 찍은 날을 보여주는 나스닥 2000 일간 차트.

아니라 시장의 실제 동향에 장단을 맞춰 움직여야 한다. 그러나 99퍼센트의 투자자가 개인적 의견이나 자신 또는 타인의 추측과 희망에 이끌리는 모습을 보인다. 다시 한 번 강조하지만 오직 팩트, 시장에서 주요 분산이 이뤄지는지 여부를 말해주는 팩트를 따라야 한다.

당신의 목표는 앞으로 어떻게 움직여야 할지 시장을 설득하는 것이 아니라 시장에서 실제로 일어나는 일에 100퍼센트 수긍하고 가능한 한 빨리 그것을 따르는 것이다. 시장은 당신이 누구인지, 어떤 생각이나 바람 또는 욕구를 가졌는지 신경 쓰지 않는다. 시장에서 실제로 이뤄지는 일들을 제대로 파악하는 법을 배우면 대다수 사람은 갖지 못한 기술과 인지 능력을 갖추게 될 것이다. 보다 중요하게는 미국의 거의 모든 투자자가 놓쳤던 2000년의 고점처럼 중대한 지점에서 주식을 매도해 현금을 확보하고 막대한 돈을 아낄 수 있게 될 것이다.

이 기술을 바로 습득하지 못했다고 해서 낙담하지 마라. 다른 모든 것처럼 이 기술을 습득하는 데도 꾸준한 인내와 연습이 필요하다. 연습하는 동안에는 하루나 이틀 정도 분산일을 잘못 해석할 수도 있다.

내가 본 가장 흔한 실수는 고점에서 저점까지 지수의 차이가 아주 작고 전날 대비 하락폭 역시 아주 작은 조밀한 날들에 발생했다. 이 경우 거래량이 늘고 종가가 하락해도 변동폭은 미미하다. 당신이 고른 3~5일의 분산일이 대부분 이런 모습을 보인다면, 분산이 하락 반전을 초래할 만큼 크게 나타나지 않을 수 있다. 다만 대개 거래량이 늘어난 하락일은 쉽게 포착할 수 있고, 당일 고점과 저점 사이의 차이는 평균과 같거나 평균보다 약간 더 클 것이다.

〈인베스터스 비즈니스 데일리〉의 새로운 첫 화면에 나오는 '빅 픽처' 칼럼은 분산일을 관찰, 집계하면서 종종 전체 시장을 소개하는 페이지의 시장 지수 차트에 화살표를 표시해놓는다. 이 칼럼을 꾸준히 읽는 것은 전체 시장을 분석하는 기술을 연마하고 크게 개선할 수 있는 또 다른 방법이다. 2000년 이 칼럼을 매일 읽고 그 내용을 성실히 따른 구독자들은 연이어 분산이 발생하고 있다는 거듭된 설명에 따라 주식을 매도해서 현금을 확보할 수 있었다. 해당 칼럼을 면밀하게 살핀 진지한 투자자들에게 매우 큰 도움이 된 셈이다.

약세장의 시작과 끝, 분산과 팔로 스루에 주목하라

마지막 단서는 약세장의 경우, 장 초반에는 주가가 상승세를 보이지만 종가는 하락하는 경우가 많다는 것이다. 반면 강세장의 경우, 장 초반에는 주가가 하락세를 보이지만 종가는 상승한다. 또한 저가, 저질의 부진한 종목들이 여러 날 동안 가장 활발하게 거래된 종목 목록의 상단에 오르면 시장이 전반적으로 약세를 보일 거라는 신호일 가능성이 있다.

시장의 주요 하락세가 시작됐는지 판단할 수 있는 신호를 알아보았다. 이제 언제 하락세가 끝나고 새로운 상승세가 시작되는지 파악하는 방법, 즉 시장의 저점을 파악하는 법을 알아보자.

시장의 하락세가 언제까지 이어질지 예측할 수 있는 방법은 없다. 다만, 강한 분산과 함께 주가가 하락한다는 사실만 알 수 있다. 대다수의 사람은 이런 사실조차 모르기 때문에 이것을 아는 것만으로도 당신은 이미 시장에서 큰 우위를 점한 셈이다. 전체 시장이 얼마나 아래까지 내려갈지는 알 수 없지만 매일 하락하는 추세를 지켜보라. 그러다 보면 어느 시점에 주가가 오르기 시작하면서 며칠 동안 회복세가 이어질 것이다. 이런 랠리rally의 첫째 날과 둘째 날은 신경 쓰지 마라. 시장이 전체적으로 하락하는 가운데 잠깐 반등하지만 전반적인 추세는 여전히 하락세인 경우가 있기 마련이다.

반등 시도가 이뤄지는 경우, 보다 확실하게 추세가 반전되었다고 결론 내릴 수 있는 때는 대개 4일째부터다. 갑자기 전날보다 거래량이 늘고 하나 이상의 주요 지수가 크게 오르면 첫째 날의 상승으로 시작된 랠리가 소위 확립된다. 이 확립confirmation 또는 팔로 스루follow-through는 대개 반등 시도가 나온 지 4~7일째 나타난다. 때로는 10일째나 11일째 나타나기도 하는데, 이런 경우에도 여전히 건설적일 수 있지만 이렇게 늦게 팔로 스루가 나타나는 랠리는 강력하지 않을 가능성이 그만큼 높다. 확립이 이뤄진 날에 하나 이상의 주요 시장 지수가 1.7퍼센트 이상 강하고 확실하게 상승해야 한다. 거래량은 전날보다 많고, 대개 일일 평균보다 나아야 한다. 중요한 점은 첫째 날이나 둘째 날의 반등에 속아서 미숙한 랠리에 뛰어들지 말아야 한다는 것이다. 확립이 이뤄질 때까지는 시장이 반전했는지 확실하게 알 수 없기 때문이다.

우리가 만든 시스템은 시장이 고점을 찍을 때 발을 빼도록 도와줄 뿐 아니라 저점을 찍고 오름세를 보이는 다음 강세장에 올라타도록 해준다는 면에서 엄청난 가치가 있다. 또한 제대로 팔로 스루가 이뤄지지 않는 다양한 양상의 가짜 랠리에서 현금을 계속 보유할 수 있도록 해준다. 이 밖에도 이 실용적인 개념은 여러 가지 면에서 유익하다. 실제로 시장이 고점을 찍은 후 저점을 찍을 때까지 여러 번 반등을 시도하다가 진짜 저점을 찍은 약세장(또는 하나 이상의 주요 평균 지수가 18~20퍼센트 하락하는 경우)이 두세 번 있었다. 하락하는 시장은 종종 며칠 동안 랠리를 하며, 거래량이 늘고 평균 지수가 하락 마감하는 첫째 날은 많은(또는 모든) 경우 랠리가 실패하고 하락세가 재개되는 시작에 불과하다.

중요한 점은 팔로 스루가 나타나지 않으면 새로운 강세장이 시작되지 않으며, 대다수의 팔로 스루는 랠리 시도가 나온 지 4~7일째 나타난다는 것이다. 이 사실을 알면 바닥을 친 지 4~7일이 지난 후 시장에 들어갈 수 있도록 우리가 설계하고 개발한 시스템을 따르게 된다. 다른 기법으로는 이 같은 상황에 결코 훨씬 더 잘 대처할 수 없다. 형편없는 결과를 초래할 게 분명한 뉴스나 그보다 별로 나을 것이 없는 자신의 기분에 따르다 보면 시장의 움직임에 훨씬 늦게 대처하게 될 가능성이 크다.

나스닥지수 일간 차트

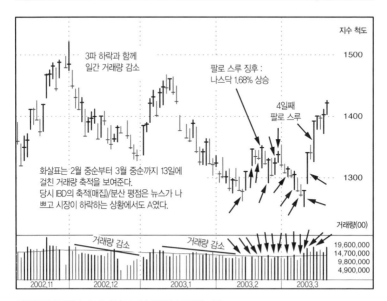

불확실성과 나쁜 뉴스 속에서 나타난 2003년 3월의 저점.

내가 오랫동안 관찰한 결과, 대다수 투자자는 팔로 스루가 나타나도 진짜라고 믿지 않았다. 그들은 대개 겁에 질려 있기 때문이다. 너무나 나빴던 하락세와 너무나 부정적이었던 뉴스 때문에 입은 상처를 핥느라 바빠서 모든 랠리를 의심하고 두려워하는 지경에 빠진 것이다. 여기서도 중요한 것은 두려움이 팽배한 이 시기에 당신이 어떤 감정이나 생각을 가졌느냐가 아니라 시장 지수 자체가 실제로 말하는 바를 인식하고 이해하는가 여부다. 거래량이 늘어나면서

4일째나 5일째, 6일째 또는 7일째 팔로 스루가 나타났다면, 시장이 "당신의 바람이나 두려움 또는 개인적 의견과 무관하게 이제 완전히 새로운 상승세가 시작됐다"고 말하는 것이나 마찬가지다.

시장의 움직임에 유연하게 대처하라

4주 전이나 5주 전쯤 어떤 느낌을 받고 시장을 지켜보고 있었을 수도 있다. 그러나 시장이 자신의 예상과 달리 갑자기 변하면 그 사실을 받아들여야 한다. 자신이 가졌던 생각을 계속 고수해서는 안 된다. 이는 시장과 맞서려는 행동으로, 대개 돈을 잃는 결과를 초래할 뿐이다. 투자에 임할 때는 유연성을 갖고 시장의 변화에 능동적으로 대처하면서 바로 자리를 바꾸고 생각을 바꿀 줄 알아야 한다. 시장이 항상 일관된 움직임을 보이는 것은 아니기 때문에 당신도 일관되게 행동할 순 없다. 시장이 방향을 바꾸면 당신이 몇 주 전에 말했거나 고집스레 믿었던 것들은 순식간에 완전히 무의미해지고, 지킬 가치가 없어진다. 자신의 의견에 대한 자긍심이나 자존심을 갖지 마라. 랠프 월도 에머슨Ralph Waldo Emerson이 말한 대로 "어리석은 일관성은 편협한 정신이 부리는 도깨비일 뿐이다". 전장에서 최고의 장수는 적의 행동, 날씨, 새롭거나 예기치 못한 상황, 실패나 실수에 따라 신속하게 반응하고 계획을 바꾼다. 당신에게 중요한 것은 중요한 순간 시장에서 올바르게 행동하는 것이다. 주요 평균 지수의 움직임에서 모든 주요 전환점이 나오는 때가 바로 그 순간이다.

시장에서 팔로 스루가 나타나고 새로운 고점으로 향하는 움직임을 처음으로 보이는 주식들을 매수하면 가장 큰 수익을 얻을 수 있다. 이 주식들은 대개 새로운 강세 국면을 이끄는 새로운 선도 종목으로, 다른 종목들이 마침내 상승 탄력을 받은 후에도 더 높이, 더 빨리 오르는 모습을 보인다. 그러나 이 새로운 선도 종목들은 시장이 확실하게 저점을 찍고 돌아서기 전까지는 이런 면모를 드러내지 않는다. 이 종목들은 이후 최대 3개월까지 계속 적절한 패턴을 그리며 진화한다. 시장이 이렇게 무르익는 동안, 현명한 투자자는 새로운 랠리를 무시하지 않고 새로운 선도 종목을 열심히 찾아 매수한다. 이들은 다른 모든 사람이 새로운 상승세를 분명히 알아볼 때까지 기다리지 않는다. 그때는 새로운 상승세가 나타난 지 몇 개월 후로, 주가는 훨씬 높아진 상태일 것이다.

내가 오랜 세월에 걸쳐 경험한 바에 따르면 팔로 스루가 나타난 날을 포착하는 것은 80퍼센트의 경우 효과적이었다. 나머지 20퍼센트의 경우, 거래량 증가와 함께 지수가 하락 마감하면서 대개 며칠 만에 팔로 스루는 힘을 잃었다. 주식에 투자하는 데 있어 75~80퍼센트 정도의 성공률이 보장되는 시스템이나 규칙이라면 수익을 기대할 만큼 충분히 믿을 만하다고 볼 수 있다. 어떤 시스템이나 규칙도 당신의 느낌이나 아마도 비슷한 느낌을 바탕으로 내세우는 다른 사람의 의견에 의존하는 것보다는 분명히 낫다.

2000년에서 2002년까지 약세장이 이어지는 동안 팔로 스루가 머칠 만에 힘을 잃은 적이 몇 번 있었다. 그러나 거의 3년에 걸쳐서 두세 번의 미미한 휩소^{whipsaw}(막 시장에 다시 들어갔는데 매도해야 하는 경우)를 겪는 것은 새로운 초대박주들이 마침내 부상할 가능성이 있을 때 가장 앞선 시작점에서 다음 강세 변동을 포착하게 해주는 대가로는 아주 작은 것이다. 이 시스템에 대해 기억해야 할 핵심 사항은 시장의 주요 고점과 저점을 놓칠 가능성이 절대로 없으며, 대다수의 경우 돈을 잃게 만드는 미숙한 가짜 랠리에 뛰어들지 않도록 막아준다는 것이다.

이 시스템을 처음 개발하고 검증할 때 우리는 과거 50년 동안 시장에서 나타난 모든 고점과 저점을 활용했다. 그러다 2000년에서 2002년까지 시장이 심각한 하락세를 보였던 때와 유사한 장세, 그러니까 대공황을 초래한 1929년에서 1932년까지의 약세장에 우리 시스템을 적용하면 어떤 결과가 나타날지 알고 싶었다. 실제로 적용해본 결과, 우리 시스템은 1929년의 정점 이후 두 번째 고점을 잡아냈다. 다시 말해 정곡을 찔렀다.

시장의 타이밍을 맞추는 것은 불가능하다는 투자 속설이 깨지는 순간이었다. 나는 이 시스템을 활용해서 1962년 4월 시장이 고점을 찍기 전에, 그리고 IBM 주가가 50퍼센트나 하락하기 전에 100퍼센트 자금을 뺄 수 있었다. 또한 1987년 다우지수가 하루에 500포인트(당시 22퍼센트)나 폭락할 만큼 시장이 좋지 않았을 때도 상황이 정말로 나빠지기 전에 100퍼센트 현금을 확보할 수 있었다. 그리고 2000

주요 지수의 일간 저점 차트

다우지수의 1974년 일간 저점 차트.

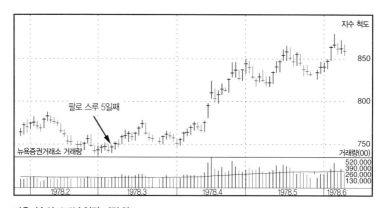

다우지수의 1978년 일간 저점 차트.

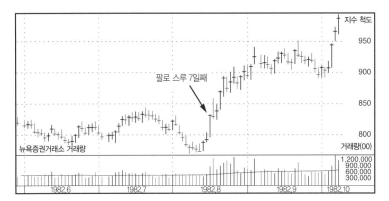

다우지수의 1982년 일간 저점 차트.

S&P500의 1998년 일간 저점 차트.

주요 지수의 일간 고점 차트

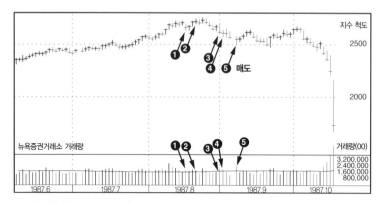

다우지수의 1987년 일간 고점 차트.

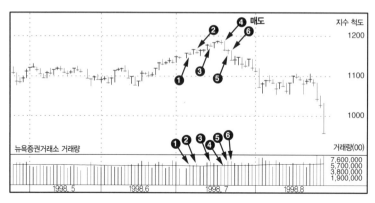

S&P500의 1998년 고점 일간 차트.

년에서 2002년까지 나타난 약세장에서는 시장 평균 지수의 분산일 뿐 아니라 개별 종목의 매도 규칙을 토대로 2000년 3월 현금을 대량 확보할 수 있었다. 우리는 이 시스템을 적용해서 과거에 여러 차례 수익을 냈는데, 우리가 낸 숙제를 성실히 해내고 열심히 공부한 투자자들도 비슷한 성과를 냈다.

타이밍을 읽는 자, 시장을 지배한다

시장의 타이밍을 맞추는 것은 불가능하다는 속설은 오래전에 일부 뮤추얼펀드 매니저들이 실패를 거듭하면서 시장에 굳건히 자리잡았다. 이들은 경쟁자들보다 떨어지는 수익률을 기록하지 않으려면 정확한 시점에 매도하고 매수해야 한다는 사실을 알았다. 보다 구체적으로는 정확한 시점에 매수해야 주가가 저점에서 빠르게 튀어오를 때 계속 돈을 묻어둔 경쟁자들과 같은 반등 효과를 누릴 수 있다는 것을 알았다. 그러나 이는 불가능했다. 펀드 규모가 너무 커서 신속하게 30퍼센트를 현금화하거나 30퍼센트의 현금을 시장에 다시 넣을 수 없었기 때문이다.

그래서 뮤추얼펀드 운용사 경영진은 매니저들이 시장에 (최소 95 퍼센트의) 돈을 계속 묻어둬야 한다고 주장하기 시작했다. 여기서 시장의 타이밍을 맞추는 것은 불가능하다는 오류가 생겨났다. 진실은 대다수 뮤추얼펀드가 너무 커서 느리고 경직되어 있기 때문에 이점을 누리기 어렵다는 것이다. 이런 면에서 볼 때 규모에 따른 불리한

다우지수 일간 차트

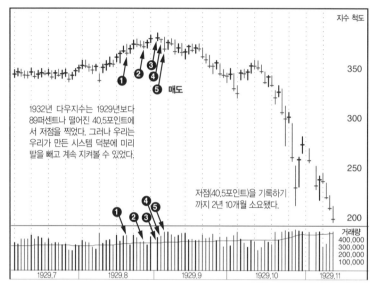

IBD의 시장 분산 시스템은 1929년 주가가 정점에 이른 지 2일 후 고점을 찍었음을 포착해냈다.

점 없이 언제든 시장에서 발을 빼거나 재진입할 수 있는 기민한 움직임이 가능한 개인투자자는 그 자체로 엄청난 이점을 지닌다.

좋은 종목에 계속 돈을 묻어두는 뮤추얼펀드의 전략은 20~25퍼센트 정도만 조정받는 대다수 약세장에서는 잘 통한다. 그러나 35~50퍼센트 이상 조정받는 약세장에서 이런 식으로 대응했다가는 치명적인 피해를 초래할 수 있다. 약세장에선 많은 개별 종목이 시장 지수의 조정폭보다 훨씬 큰 하락에 시달린다. 그래서 개인투자자에게는 오랫동안 힘들게 모은 자본을 지킬 수 있도록 도와줄 검증된 시스템이 더욱 필요하다.

　이 간단한 시스템을 적용하면서 실질적인 경험을 쌓고 그것을 바탕으로 시장에 적용할 수 있는 유용한 기술을 획득하기까지 1~2년 정도 걸린다 할지라도 시장의 실제 동향을 읽는 법을 익힐 수만 있다면 앞으로 투자하면서 얼마나 많은 돈을 벌거나 아낄 수 있을지 생각해보라. 이 지식과 기술은 당신의 자산을 보호하고 보상해줘 마침내 당신의 인생 전체를 바꿔줄 수도 있다. 정말로 원하고 노력하기만 하면 누구나 그 방법을 익힐 수 있다. 이와 관련, 〈인베스터스 비즈니스 데일리〉의 '빅 픽처' 칼럼은 친절한 안내자이자 강사가 되어줄 것이다.

2단계

3 대 1
손익비율을
활용하라

The
Successful
Investor

모든 주식은 나쁘다? 올라가지 않는다면…

너무나 많은 사람이 2000년에서 2002년에 걸쳐 나타난 약세장에서 너무나 많은 돈을 잃었다. 가장 큰 이유는 손실로부터 자신을 보호하는 방법을 몰랐기 때문이다. 그들은 보유 종목의 주가가 실제 매수가의 특정 퍼센트 아래로 떨어지면 무조건, 예외 없이 손절하는 방법 또는 그렇게 해야 하는 이유를 몰랐다. 다시 말해서 그들은 방어 수단을 갖고 있지 않았다. 그들은 좋은 공격 수단을 가졌거나 가졌다고 생각했을지 모른다. 그래서 상승할 것으로 예상되는 종목을 샀다. 그러나 그들은 보유 종목의 주가가 제대로 움직이지 않고 하락하기 시작할 때 매도하라는 신호를 주는 일련의 규칙을 갖고 있지 않았다.

그래서 잠시 멈추고, 먼저 일련의 규칙을 제시하고자 한다. 이 규칙들을 정확하게 이해하고 따르면 당신이 매수하는 모든 종목을 통틀어 3개 종목 중 1개 종목만 걸려들어도 치명적인 타격을 입히는 큰 손실로부터 안전해질 수 있을 것이다. 이 3할 3푼 3리의 타율이 개선되면 당연히 훨씬 많은 돈을 벌 수 있다. 언제 또는 왜 매도해야 하는지 모르는 채 주식을 매수하는 것은 브레이크 없는 차를 사거나, 안전장비 없는 배를 타거나, 이륙하는 법은 가르치지만 착륙하는 법은 가르치지 않는 비행 교육을 받는 것이나 마찬가지다. 또는 공은 잘 치지만 수비할 때 공을 잡을 줄 모르는 야구팀에서 뛰는 것이나 다름없다.

주식시장에 투자하는 사람들은 대부분 공부를 많이 하지 않아도, 또는 다른 사람의 말만 들어도 부자가 될 수 있다고 생각한다. 위험을 줄이기 위해 해야 하는 일은 말할 것도 없고 주식 투자에 따른 위험이 무엇인지조차 모른 채 무작정 시장에 뛰어드는 사람이 많다.

'좋은' 주식을 산 후 마술처럼 주가가 계속 오르기를 기다리기만 해도 된다면 더할 나위 없을 것이다. 1990년대의 말도 안 되는 버블 장세에서는 이런 일이 가능했다. 그러나 너무나 많은 사람들이 뼈아프게 얻은 교훈처럼 이제 시장은 그렇게 돌아가지 않는다. '좋은' 주식 또는 '안전한' 주식은 없다. 어떤 의미에서 모든 주식은 나쁘다. 올라가지 않는다면 말이다. 당신이 선정한 주식이 좋은 종목으로 인정받는 유일한 길은 매수 이후 주가 상승으로 증명하는 것뿐이다. 즉, 성과를 보여야 한다.

물론 많이 오르는 주식들도 있다. 우리는 이런 주식들을 찾아야 한다. (나중에 그 방법을 설명할 것이다) 그러나 아주 좋은 주식도 영원히 좋은 것은 아니다. 지난 50년 동안 최고의 종목들을 전부 살펴본 결과, 최고 수익률을 기록하는 기간은 평균적으로 1년 6개월에서 2년 정도에 불과했다. 일부 그 기간이 3년까지 이어지는 경우도 있었다. 아주 소수의 경우만 5~10년 동안 상승세를 유지했다. 시간이 지나면 최고의 주식도 결국은 하락한다. 1990년대 강세장이 마침내 힘을 잃었을 때 많은 투자자들이 그랬던 것처럼 최고의 주식이라도 너무 늦게 매수하면 평범한 주식만큼 또는 그보다 더 크게 타격을 입을 수 있다.

2배 또는 3배 이상 상승하면서 다른 모든 종목을 뛰어넘는 진정한 선도 종목들은 고점을 찍은 후 평균적으로 72퍼센트 하락했다. 이는 지난 50년 동안 각 시장 주기에서 모든 대형 선도 종목들이 기록한 하락률의 평균치다. 1990년대에 주식시장을 선도한 많은 하이테크 종목들은 90퍼센트 이상 하락했다.

그래도 시간이 지나면 주가가 회복되지 않느냐고 반문할 수 있다. 그런 종목을 끌어안고 있는 사람들에게는 불행한 일이지만 이 질문의 답은 그렇지 않다는 것이다. 시장을 선도한 종목들 중 거의 절반은 이전 고점을 회복하지 못했으며, 회복한 종목들도 과거의 수준에 이르는 데 거의 5년 정도 걸렸다. 상승률이 컸던 일부 종목은 그보다 훨씬 오래 걸리기도 했다.

1990년대의 주요 선도 종목들의 주가가 빠르게 회복될 것이라고 생각하는 투자자들은 비슷한 심리적 과잉이 나타난 1920년대의 선도 종목들이 1940년대나 1950년대까지도 1929년에서 1932년까지 이어진 끔찍한 약세장의 여파에서 완전히 회복하지 못했다는 사실을 기억해야 한다. 가령 1920년대 후반에 1100퍼센트(8.70달러에서 106달러까지) 상승한 RCA^{Radio Corporation of America}의 경우, 1932년 3달러 아래로 떨어졌으며, 제2차 세계대전이 끝나고 한참이 지나도록(1963년) 폭락 이전 수준으로 돌아가지 못했다.

1920년대의 RCA는 1990년대의 AOL이나 시스코 시스템즈 같은 종목들과 아주 비슷했다. 즉, 인터넷이 근래에 했던 방식으로 생활

RCA 일간 차트

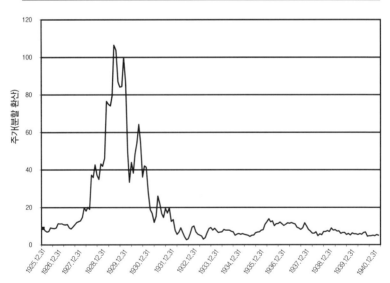

1929년에 일어난 RCA의 폭등과 폭락.
※ 데이터 출처: ©CRSP, 시카고대학 경영대학원 주가연구소. 승인하에 사용. 모든 권리 보유.

을 바꾸는 새로운 통신 기술(이 경우에는 1920년에 처음 이루어진 상업 방송과 더불어 등장한 라디오)을 이끄는 선도 기업이었다. 아래 표가 보여주듯, RCA는 광란의 1920년대를 선도했지만 폭락한 이후 오랫동안 주가를 회복하지 못했다. 이런 모습을 보인 선도 종목은 RCA 외에

1929년의 선도 종목들이 폭락한 후 1940년 12월까지 주가가 회복된 양상

종목명	주가		
	1929.8	1932.6	1940.12
다우존스산업지수			
아메리칸 캔American Can	$178.00	$32.50	$88.50
제너럴 일렉트릭General Electric	$98.88	$9.50	$33.13
RCARadio Corporation of America	$100.00	$3.25	$4.63
시어스 로벅Sears Roebuck	$157.02	$9.97	$78.13
스탠더드 오일Standard Oil	$68.96	$22.58	$34.38
유에스 스틸US Steel	$256.50	$22.00	$69.63
다우존스철도지수			
애치슨 토페카 앤드 샌타페이 레일 Atchison Topeka & Santa Fe Rail	$295.50	$19.00	$18.25
뉴욕 센트럴 레일로드New York Central Railroad	$231.97	$10.76	$13.75
서던 퍼시픽Southern Pacific	$153.75	$7.38	$8.13
다우존스공공서비스지수			
아메리칸 파워 앤드 라이트 American Power & Light	$117.19	$4.00	$2.50
아메리칸 텔레폰 앤드 텔레그래프 American Telephone & Telegraph	$298.63	$76.88	$167.25
컬럼비아 가스 시스템Columbia Gas Systems	$62.95	$5.50	$4.50
인터내셔널 텔레폰 앤드 텔레그래프 International Telephone & Telegraph	$142.01	$3.25	$1.88
퍼시픽 가스 앤드 일렉트릭Pacific Gas & Electric	$78.20	$18.75	$27.50

※데이터 출처: ⓒCRSP, 시카고대학 경영대학원 주가연구소. 승인하에 사용. 모든 권리 보유.

도 많다.

이런 과거의 실적들이 보여주는 핵심적인 사실을 기억하라. 강세장을 선도한 종목을 통틀어 8개 종목 중 1개 종목만 다음 또는 미래의 강세 국면에서 다시 힘을 발휘했다. 시대는 변한다. 그와 함께 경제 상황과 경쟁 환경도 변한다. 시장의 추세는 대개 새로운 선도 종목이 주도하게 마련이다. 이런 점을 감안해서 경제 시스템이 돌아가는 방식을 바라보면 그 이유는 매우 단순해 보인다. 경제 시스템은 열심히 노력해서 꿈을 이루고자 하는 모두에게 주어지는 자유와 무한한 기회를 토대로 삼는다. 굳게 결의를 다지고 성공하겠다고 작정하면 누구나 승자가 될 수 있다. 당신이 누구든, 외모가 어떻든, 어디 출신이든 관계없이 해낼 수 있다. 이런 야심을 가진 사람들이 놀라운 기회를 얻기 위해 전 세계 모든 나라에서 미국으로 몰려오고 있으며, 바로 이런 이들의 기여로 미국이 지닌 다양한 역량이 강화되고 있는 것이다.

그럼에도 불구하고 미국에서도 탁월한 혁신가, 발명가, 기업가는 대략 100만 명 정도로 비교적 수가 적다. 그러나 여건만 맞으면, 즉 세금과 정부 정책과 규제가 혁신을 저해하는 것이 아니라 촉진하면 이들은 작은 기업을 만들어서 수많은 신제품과 신기술, 그리고 미래의 산업뿐만 아니라 새로운 일자리의 80~90퍼센트를 만들어낸다. 이 신생 알짜 기업 중 소수는 성장에 필요한 자금을 조달하기 위해 주식을 상장한다. 이런 과정을 거쳐 새로 발행된 주식(상장주) 중 일부는 시장 선도 종목으로 자리 잡는다. 1990년대 강세장의 시장 선도 종목은 5개 중 4개가 1980년대와 1990년대 초 부분적으로 법인 주식에 대한 양도소득세율이 인하된 덕분에 상장된 신생 기업의 주식이었다.

이 젊은 피들은 뮤추얼펀드와 다른 기관투자자들이 고유한 신제품이나 혁신을 토대로 역동적이고 빠르게 성장하는 새로운 선도 종목으로 몰려들어 각각의 새로운 시장 주기에 필수적인 활력을 불어넣게 하는 힘으로 작용한다. 이렇게 매수세가 몰려들면서 주식의 현재 가치를 측정하는 가장 보편적인 척도인 주가수익비율이 놀라운 주가 변동이 처음 시작됐을 때보다 2배 이상 오를 만큼 주가를 밀어 올리기도 한다.

그러나 언젠가는 이 신생 기업들의 시장이 포화되거나, 더 새롭거나 더 우수하거나 더 저렴한 제품이나 기술을 가진 경쟁자가 늘어나거나, 이 신생 기업들이 자제력을 잃고 과잉 확장에 나서거나, 단순히 덩치가 너무 커져서 이들 신생 기업 역시 이전처럼 계속 성장할 수 없는 시점이 온다. 이때가 되면 상황은 순식간에 바뀌어 이전에 몰려들었던 대형 뮤추얼펀드들이 앞다퉈 몰려 나가기 시작한다. 이런 과정을 지나고 경제가 이전의 과잉된 양상을 조정하고 나면 새로운 주기가 시작된다. 새로운 주기는 대개 흥미로운 신제품이나 뛰어난 기술력을 바탕으로 한 발명품을 가진 혁신적인 신생 기업들로 구성된 신선한 집단이 이끌어간다. 미국 시장에서 변화와 성장의 속도는 계속 빨라지고 있다. 따라서 혁신적인 신생 기업(상장 기업)들이 계속 나오는 것은 미래 경제와 시장을 위해 대단히 중요한 일이다. 그런데 유감스럽게도 이 글을 쓰는 지금은 신규 상장이 드문 상황이다.

굿 바이good buy, 굿바이 머니good bye money

뮤추얼펀드와 다른 기관투자자들이 시장의 향방을 결정하는 데 얼마나 큰 역할을 하는지 이해하는 것은 매우 중요하다. 나는 주식시장의 일일 동향을 전달해주는 판에 박힌 뉴스를 읽거나 들을 때 "투자자들"이 이런저런 일에 걱정하고 고무된다는 말을 항상 흥미롭게 받아들인다. 마치 개인투자자들이 시장에서 일어나는 일에 영향을 준다는 말처럼 들리기 때문이다. 사실 개인투자자들은 주식시장의 향방에 거의 영향력을 미치지 못한다.

당신이 막 어떤 종목을 200주 샀거나, 다른 종목을 500주 팔았거나, 친구가 회사에서 스트레스를 받은 나머지 홧김에 또 다른 종목을 1000주 처분했다고 가정해보자. 이 정도는 아무것도 아니다! 어떤 종목을 5만 주, 다른 종목을 10만 주, 또 다른 종목을 20만 주 매수하거나 매도하는 펀드도 많다. 이들 기관투자자의 매매는 당신, 당신의 이모, 친구, 그리고 다른 모든 개인투자자의 매매를 압도한다.

수백억 달러 규모의 포트폴리오를 관리하는 기관투자자 또는 전문투자자의 매매는 주요 시장 동향의 75퍼센트(프로그램 매매 제외)를 차지한다. 대부분의 경우, 시장에선 그들의 행동만이 의미를 갖는다. 그래서 많은 실수를 저지르기는 하지만 그들이 어떤 생각을 가졌는지, 무엇을 걱정하는지, 미래를 어떻게 예측하는지 알 수 있으면 유리하다. 그러나 그들은 당신에게 그런 것을 알려줄 생각이 없다. 물론 그들 중 일부는 텔레비전에 나와서 인터뷰하는 것을 즐기지만, 대부분의 경우 그런 요청에 응하지 않는다. 지난 40년 동안 수백 명의 기관투자자들을 접해본 나의 경험에 따르면, 진정한 전문가로서 크게 성공한 사람들은 자신의 모습을 드러내거나 의견을 들려주는 경우가 드물다. 그들은 평범한 개인투자자들은 시간이나 자원이 부족해서 시도조차 하지 못하는 조사를 행하고, 이를 토대로 중요한 결정을 내리느라 너무 바쁘다. 그들은 방송에 나가서 자신이 어떤 일을 할 것인지 전국적으로 떠들어대는 것을 결코 원하지 않는다.

그들이 이렇게 은밀하게 움직이려는 데는 이유가 있다. 그것은 대개 대형 기관들이 어쩔 수 없이 따라야 하는 투자 방식과 관련 있다. 당신이나 나는 몇 분 만에 200주나 500주 또는 1000주를 매매하는 주문을 할 수 있다. 그러나 수천만 달러나 수억 달러 또는 수십억 달러를 관리하는 펀드는 움직이는 방식이 다르다. 어떤 펀드가 50억 달러의 자산을 운용하며, 그중 2퍼센트로 특정 종목을 보유하려 한다고 가정하자. 이 경우, 특정 종목을 1억 달러어치 사야 한다. 만약 이 종목의 주가가 50달러라면 200만 주를 사야 한다. 이 종목의 일평균 거래량이 100만 주고, 해당 펀드가 그중 5퍼센트, 즉 매일 손이 바꿔는 이 주식을 5만 주 매수할 계획이라고 가정해보자. 한 달 동안의 거래일을 22일로 잡으면 해당 펀드가 자산의 2퍼센트를 이 종목으로 채우는 데는 두 달이 걸린다. 그것도 매일 꾸준히 매수해야만 가능하다. 하지만 펀드가 실제로 이렇게 움직일 가능성은 매우 낮다. 그보다는 며칠 동안 매수하다가 하루이틀 정도 쉬면서 주가를 약간 떨어트린 다음 매수를 재개할 가능성이 높다. 이런 과정을 거치다 보면 매집을 끝내는 데 걸리는 기간이 석 달까지 늘어날 수 있다.

이렇듯 펀드의 꾸준한 매집은 주가를 밀어올린다. 전문투자자들의 매수 동향을 파악하는 것이 중요한 이유가 여기에 있다. 이 주제는 다음 챕터에서 다룰 것이다. 반대로, 전문투자자들의 매도 동향을 간파해내는 것도 마찬가지 이유로 중요하다. 기관의 대량 매도 또는 분산은 주가를 떨어트리기 때문이다.

기관은 자신들이 어떤 종목을 매수하려는지 밝히기 꺼린다. 어떤 종목을 처분하려는지 밝히는 것은 더 꺼린다. 그 이유는 명백하다. 실제로 주가의 향방을 좌우하는 전문투자자들이 어떤 종목을 버리려는지 알면 다른 투자자들이 따라서 매도할 것이 분명하기 때문이다. 그러면 주가는 훨씬 빨리 떨어질 것이고, 신속하게 손을 털 수 없는 기관은 분산시켜야 하는 수천 주를 점점 더 낮은 주가에 팔 수밖에 없다. 현명한 투자자라면 이런 상황에서 엄청난 우위를 점할 수 있다. 물론 기관이 발을 빼려고 한다는 사실을 파악할 수만 있다면 말이다.

이 대목에서 강조하고 싶은 것은 자신의 기분과 다른 사람의 의견을 무시하는 법을 배우는 일이 특히 중요하다는 것이다. 당신의 주식이 당신의 생각과 다르게 움직이더라도 전적으로 객관적인 태도를 취해야 한다. 어떤 사람이 텔레비전에 나와서 당신이 투자한 회사가 아직 투자 가치가 있으며, 80달러에서 50달러까지 떨어진 현재 주가는 저렴한 수준으로 매수에 나설 만한 가치가 충분하다고 말한다. 주가가 37.5퍼센트나 떨어지는 것을 지켜본 당신에게 이 전문가의 의견은 곤두선 신경을 다독이는 데 도움이 되어줄 것이다. 그러나 시장은 당신이 어떤 기분을 느끼든, 소위 전문가라는 사람들이 어떤 생각을 하든 신경 쓰지 않는다. 당신이 관심을 가져야 할 유일한 의견은 시장 자체의 의견이다. 시장은 주가와 거래량 변동을 통해 전문 투자자들이 무엇을 하고 있는지 분명하게 말해준다.

앞서 예시한 것처럼 당신이 보유한 주식이 80달러에서 50달러로 떨어졌다는 사실은 무언가가 잘못되고 있음을 의미한다. 어떤 기관들이 이 주식을 매도하고 있다. 당신은 그 이유를 모른다. 앞으로도 알 가능성이 없다. 그러나 당신은 구체적인 내용을 알아낼 때까지 기다릴 형편이 못 된다. 이에 관한 뉴스가 나올 무렵이면 당신은 이미 회복하지 못할 정도로 손해를 보았을 수도 있다.

2000년 주식시장의 버블이 꺼졌을 때, 수백만 명의 투자자들에게 바로 이런 일이 일어났다. 1990년대 시장을 이끌었던 많은 경이로운 주식들, 모두가 보유하러 나섰고, 결국 모두가 보유했던 주식들이 2월과 3월 일제히 고꾸라지기 시작했다. 그러나 이 사실을 인지한 사람은 별로 없었다. 대신 '전문가'라는 사람들은 여전히 사람들에게 매수하라고 조언했다. 심지어 "주가가 저렴해졌으니 떨어졌을 때 더 사라"며 매수에 나설 것을 종용했다. 이 말을 반드시 기억해두기 바란다. '떨어졌을 때 사라'는 말은 당신을 구렁텅이로 이끄는 초대일 수 있다. '굿 바이good buy'라는 얄팍한 표현이 '굿바이 머니good-bye money'를 뜻할 수 있는 것처럼 말이다.

당시 여러 시장 선도 기업의 매출이 이전 분기보다 100퍼센트 늘

야후 주간 차트

야후는 전고점에서 350% 상승하면서 우수한 주당순이익을 기록했다.

선 마이크로시스템즈 주간 차트

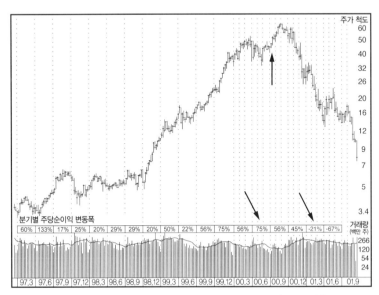

분기별 주당순이익 변동폭																	
60%	133%	17%	25%	20%	29%	29%	20%	50%	22%	56%	75%	56%	75%	56%	45%	-21%	-67%

97.3	97.6	97.9	97.12	98.3	98.6	98.9	98.12	99.3	99.6	99.9	99.12	00.3	00.6	00.9	00.12	01.3	01.6	01.9

선 마이크로시스템즈는 고점에서 뛰어난 주당순이익을 기록한 또 다른 선도 종목이다.

었는데, 월가 애널리스트들은 다음 분기에도 비슷한 결과가 나올 것
이라고 예측하면서 이런 분위기를 더욱 부채질했다. 이들 선도 기업
의 매출이 줄었다는 뉴스가 처음 알려졌을 때는 주가가 이미 50~60
퍼센트나 떨어진 후였다. 그제야 매도세가 본격화되면서 사람들이
최악의 악몽에서도 절대 보지 못할 거라고 생각했던 수준까지 주가
가 떨어졌다.

　당신이 보유한 주식이 매수가보다 25~30퍼센트, 심지어 50~60퍼

센트까지 떨어질 때까지 놔뒀다면 스스로 얼마나 큰 무덤을 팠는지 깨달아야 한다. 주가가 80달러였다가 현재 50달러까지 떨어진 종목을 예로 들어보자. 37.5퍼센트의 손실을 메우려면 이 주식, 또는 이 주식을 매도한 다음에 매수한 주식이 60퍼센트(50달러에서 80달러까지) 올라야 한다. 단지 주가가 저렴하다는 이유로 이 주식을 계속 갖고 있다가 40달러까지 떨어져서 더 '저렴해진' 경우, 본전을 찾으려면 주가가 2배 뛰어야 한다. 주가가 75퍼센트나 떨어지도록 놔뒀다면 300퍼센트 올라야 본전이 된다! 300퍼센트는 고사하고 100퍼센트라도 오르는 주식이 얼마나 적은지 알고 있는가?

기억하라. 당신이 찾아야 하는 선도 종목들은 대개 고점을 찍은 후 평균 72퍼센트 정도 조정을 받았다. 1990년대 시장을 주름 잡았던 대형 선도 종목들 중 다수는 이보다 더 크게 조정을 받았다. 당신이 본전을 찾을 수 있도록 어떤 종목이 4배(300퍼센트) 상승하는 것은 거의 불가능한 일이다. 당신이 다음에 매수할 주식이 설령 오르더라도 이런 정도로 오를 가능성은 지극히 미미하다.

3 대 1 공식에 따라 이익으로 손실을 상쇄하라

거의 모든 투자자들에게 일어날 수 있고, 실제로 비일비재하게 일어나는 이 같은 파멸적인 손실로부터 자신을 보호하려면 어떻게 해야 할까? 내가 아는 한 가지 확실한 방법은 주가가 계속 오르더라도 현실적인 매도 계획에 따라 이익을 실현하고, 주가가 부진하게 출발해서 자신의 생각과 다르게 움직인다면 바로 매도해서 손실을 가능한 한 줄여야 한다. 구체적으로 매수가를 기준으로 20~25퍼센트 상승했을 때 일부 매도할 것을 고려하고, 7~8퍼센트가 넘지 않는 선에서 모든 손실을 줄일 것을 권한다. 다시 말해, 매도를 통한 이익 실현 목표치가 의무적인 손실 확정 지점의 3배 정도가 되어야 한다. 이 3 대 1 손익비율을 유지하면 매수의 30퍼센트가 적중하고 70퍼센트가 어긋나도 심각한 상황에 빠지지 않을 수 있다.

투자 자금이 5,000달러라 가정하고 이를 적용해보자.

매매 1	주당 50달러에 100주 매수	5,000달러
	7퍼센트 하락	−350달러
	46.50달러에 매도, 잔액	4,650달러

매매 2	주당 46.50달러에 100주 매수	4,650달러
	다시 7퍼센트 하락	−326달러
	43.24달러에 매도, 잔액	4,324달러

매매 3	주당 43.24달러에 100주 매수	4,324달러
	20퍼센트 상승	+865달러
	51.89달러에 매도, 잔액	5,189달러

이 6번의 매매(3회 왕복)에 대한 수수료는 할인 증권사의 경우 60 달러 정도, 종합 증권사의 경우 600달러 이상이다. 예를 들어 매매 당 평균 30달러, 총거래비용을 180달러로 잡으면 처음 시작할 때와 같이 5,000달러가 남는다.

제대로 된 매수법(다음 챕터에서 다룰 것이다)을 익히면 2분의 1에서 3분의 2 정도는 수익을 낼 수 있을 것이다. 그때까지 7~8퍼센트에 손절하고 20~25퍼센트에 이익을 실현하는 원칙을 따른다면 세 번의 매매 중 한 번만 맞아떨어져도 계속 투자할 수 있게 된다.

타율이 5할로 올라가면 이 원칙은 남들보다 앞서가는 데 크게 도움이 된다.

매매 1	주당 50달러에 100주 매수	5,000달러
	7퍼센트 하락	−350달러
	46.50달러에 매도, 잔액	4,650달러

매매 2	주당 46.50달러에 100주 매수	4,650달러
	20퍼센트 상승	+930달러
	55.80달러에 매도, 잔액	5,580달러

매매 3	주당 55.80달러에 100주 매수	5,580달러
	7퍼센트 하락	−391달러

	51.89달러에 매도, 잔액	5,189달러

매매 4	주당 51.89달러에 100주 매수	5,189달러
	20퍼센트 상승	+1,038달러
	62.27달러에 매도, 잔액	6,227달러

　수수료로 400달러(50달러씩 8회 매매)를 빼면 최초 투자금보다 17퍼센트 늘어난 5,827달러를 갖게 된다. 연이어 20퍼센트나 25퍼센트의 수익을 내면 실적은 더 좋아진다. 가령 25퍼센트씩 세 번 수익을 내면 약 90퍼센트의 수익이 난다. 강세장에서 50퍼센트의 증거금으로 신용거래(증권사에서 돈을 빌려서 투자하는 것)를 했다면 수익이 180퍼센트로 불어난다.

　매수 후 1주나 2주 또는 3주 만에 20퍼센트씩 올라서 이익을 낼 수 있도록 해주는 핵심 규칙은 나중에 설명할 것이다. 이런 종목이 홈런 타자다. 이런 종목을 발견하기 전까지는 3 대 1 공식에 따라 이익으로 손실을 상쇄하라. 이 단순한 공식은 당신에게 필요한 모든 보호 수단을 제공할 것이다. 이 과정에서 당신은 한 주식만 사서 수익률이 어떻든 장기간 보유하는 것보다 더 다양한, 대체 불가능한 경험을 얻게 될 것이다.

　수익을 내기 힘든 대단히 어려운 시장에서는 기준을 낮추고 투자액과 투자 비율을 줄여야 한다. 가령 3~5퍼센트만 하락해도 매도하고, 10~15퍼센트만 상승해도 이익을 실현해야 한다. 또한 투자 가능 자금 중에서 투자액의 비중을 줄여야 한다. 무엇을 하든 핵심은 3 대 1 비율을 유지하는 것이다.

다만 매입가보다 7퍼센트나 8퍼센트 하락해서 매도했을 때 종종 주가가 반전해서 더 높은 수준까지 오르는 경우도 있다는 것을 기억해야 한다. 이런 일이 생기면 자신이 바보처럼 느껴질 수도 있다. 그래서 '애초에 매수해야 한다는 판단이 옳았고 매도한 건 실수였어'라고 생각하게 된다. 그러나 정말로 실수일까? 7퍼센트나 8퍼센트 손실이 났을 때 매도하는 것은 사실 회복할 수 없는 파멸적인 손실을 절대 당하지 않도록 보장해주는 조치다. 7퍼센트나 8퍼센트를 넘어 15퍼센트나 20퍼센트, 또는 30퍼센트나 40퍼센트, 심지어 그 이상 큰 손실을 입는 것을 방지해준다.

이를 보험의 또 다른 형태라고 생각하라. 당신은 주택화재보험에 가입하고 있을 것이다. 작년에 집에 불이 나지 않았다고 해서 보험에 가입한 것을 후회하는가? 당연히 아닐 것이다. 주식시장에서 손절하는 것도 마찬가지다. 7퍼센트에 손절한 주식이 때로 반전해서 20퍼센트 상승하는 것은 7퍼센트 손실이 70퍼센트 손실이 되지 않도록 보장 받는 데 따르는 작은 대가다. 70퍼센트 손실은 보험에 들지 않았는데 집에 불이 나서 모조리 타버린 것과 같은 경우다. 이런 경우, 평생 복구할 수 없거나 복구하는 데 몇 년이 걸리기도 한다.

오늘의 블루칩도 내일의 쇠똥이 될 수 있다

이런 방식의 매수와 매도는 위험이 큰 주식에 투자하는 사람들에게나 들어맞는 방법이라고 생각할 수도 있다. 변동성이 적은 '블루칩blue-chip' 또는 '투자 등급' 채권에 투자하는 장기 보유 투자자들은 어떨까? 그런 사람들에게도 들려줄 말이 있다. 안전한 주식은 없다. 모든 보통주는 손실이 날 수 있다. 많은 사람이 입을 모아 안전하다고 말하는 주식도 예외는 아니다. 많은 장기 보유 투자자가 매도 규칙을 갖고 있지 않았기 때문에 2000년에서 2003년 사이에 50~75퍼센트 손실을 입었다.

40여 년 전 내가 막 이 일을 시작했을 때, 많은 미망인들이 AT&T American Telephone & Telegraph 주식을 보유하고 있기만 하면 돈을 벌 수 있다고 생각했으며, 실제로 그런 말을 들은 경우도 많다고 했다. 전화회사라서 망할 리 없다고 본 것이다. 게다가 AT&T는 당시 시장에서 손꼽히는 우량주이기도 했다. 당연히 안정성이 보장되는 것처럼 보였고, 배당 수입도 얻을 수 있었다. 아버지와 할아버지 등 주위 사람들이 대부분 보유하고 있던 주식이기도 했다. 1999년 1월 기준으로 AT&T는 주당 98.80달러였다. 그러나 2002년 7월에는 무려 83퍼센트나 하락해서 주당 17달러에 거래됐다. 무작정 안전하리라 믿었던 대가 치고는 너무 큰 손실이었다.

지금은 TXU로 알려져 있는 텍사스 유틸리티즈Texas Utilities는 또 다른 사례다. 이 회사의 주가는 고점인 57달러에서 82퍼센트 하락한

주가 척도

60

50
45

38
34
30
26

22

19
17
15

13

11
10
9
8

7

6

5
4.5

3.8
3.4
3.0

2.6

2.2

1.9
1.7
1.5

1.3

1.1
1.0
0.9
0.8
0.7

0.6

매도

| 1996 | 1997 | 1998 | 1999 | 2000 | 2001 | 2002 |

모든 주식은 위험을 안고 있다. 반드시 손절해야 하는 이유가 바로 여기에 있다.

10달러까지 떨어졌다. 주정부가 너무나 사소한 부분까지 간섭하는 바람에 부실해져 파산할 수밖에 없었던 캘리포니아의 블루칩 공공 서비스 기업들은 또 어떤가?

AT&T에서 분사한 기업으로 미국에서 수많은 투자자들이 주식을 보유하고 있던 루슨트 테크놀로지스Lucent Technologies도 좋은 예다. 루슨트는 세계 최대 통신장비 공급업체 중 하나일 뿐 아니라 우리 시대의 놀라운 기술적 돌파구들을 찾아낸, 유명한 벨 연구소Bell Laboratories의 본거지이기도 하다. 이 회사는 1996년 분사된 이후 양호한 상승세를 보이며 1999년 12월 64달러까지 올랐다. 그러나 그때부터 급락하기 시작해 98퍼센트나 하락해 주당 1달러도 안 되는 수준까지 주가가 떨어졌다.

루슨트는 과거에 잘나가던 다른 종목들과 크게 다르지 않았다. 과거 시장을 장악했던 많은 종목이 합병이나 파산으로 아예 시장에서 사라지거나 1달러짜리 잡주로 전락했다. 컬러텔레비전이 도입된 1960년대에 애드머럴Admiral 주식은 39주 동안 4배나 뛰었다. 그러나 그때부터 지금까지 여전히 텔레비전을 만들고 있는 회사는 찾아보기 힘들다. 1970년대에는 서비스 머천다이즈Service Merchandise 주식이 139주 동안 586퍼센트 상승했다. 하지만 당신이 카탈로그를 보고 마지막으로 물건을 산 것이 언제인가 생각해보라. 1980년대와 1990년대에는 휴대폰이 보급되면서 스웨덴 기업인 L. M. 에릭슨L. M. Ericsson 주식이 급등했다. 그러나 2000년에서 2002년에 걸친 약세장

과거의 선도 기업 내지 블루칩	저점 도달 기간	고점 기준 최대 하락폭
AOL 타임워너AOL Time Warner	2.5년	91%
AT&T	3.5년	83%
아마존닷컴Amazon.com	1.75년	95%
애플컴퓨터Apple Computer	9개월	86%
브런즈윅Brunswick	2.5년	87%
서킷 시티 스토어스Circuit City Stores	3년	91%
시스코 시스템즈Cisco Systems	2.5년	90%
코닝Corning	2년	99%
EMC	2년	96%
이스트만 코닥Eastman Kodak	4.75년	74%
에릭슨Ericsson	2.5년	99%
FAO 슈워츠FAO Schwarz	3년	99%
포드 모터Ford Motor	3.5년	83%
갭Gap	2.75년	84%
제너럴 일렉트릭General Electric	2년	65%
굿이어타이어 앤드 러버Goodyear Tire & Rubber	5년	96%
홈 디포Home Depot	2.75년	71%
인텔Intel	2년	83%
JC 페니JC Penney	2.25년	89%
JDS 유니페이즈 JDS Uniphase	2.5년	99%
JP 모건체이스 JP Morgan Chase	2.5년	77%
케이마트Kmart	10년	99%
마텔Mattel	2년	81%
맥도날드McDonald's	3.25년	75%
마이크론 테크놀로지Micron Technology	2.5년	93%
넥스텔 커뮤니케이션스Nextel Communications	2.25년	97%
오라클Oracle	1.75년	84%
폴라로이드Polaroid	2.25년	91%
퀄컴Qualcomm	2.5년	88%
라이트 에이드Rite Aid	2년	97%
스프린트 폰 그룹Sprint Fon Group	2.75년	91%
선 마이크로시스템즈Sun Microsystems	2년	96%
TXU	7개월	82%

과거의 선도 기업 내지 블루칩	저점 도달 기간	고점 기준 최대 하락폭
텔랩스Tellabs	2.75년	95%
텍사스 인스트루먼트Texas Instruments	2.5년	87%
토미 힐피거Tommy Hilfiger	3.75년	86%
타이코 인터내셔널Tyco International	1.5년	89%
UAL	5년	99%
월트 디즈니Walt Disney	2.25년	69%
월드컴Worldcom	3년	99%
제록스Xerox	1.5년	94%
야후Yahoo!	1.75년	97%

에서 이 회사는 이전의 모든 상승분보다 더 많이 하락하고 말았다.

나는 제록스Xerox가 주당 260달러에 거래되던 때를 기억한다. 그러나 2002년 가을 무렵 제록스의 주가는 5달러 이하였다. 대형 선도 기업으로서 1960년대에 100달러 넘는 주가를 기록한 아메리칸 머신 앤드 파운드리American Machine & Foundary는 결국 뉴욕증권거래소에서 상장 폐지됐다. 유명 기업이었으나 시간이 흐르면서 형편없는 대우를 받게 된 기업이 이들만 있는 것은 아니다. 다음은 2000년에서 2002년에 걸친 약세장에서 주가가 큰 폭으로 하락한 블루칩 및 과거의 선도 기업 목록이다.

위의 표를 보면 알 수 있듯, 보통주는 위험을 안고 있다. 오늘의 블루칩은 내일의 쇠똥cow chip이 될 수 있다. 물론 오랫동안 꾸준하게 상승한 제너럴 일렉트릭이나 3MMinnesota Mining & Manufacturing 같은 기업을 가리키며 "와! 이런 주식만 찾으면 아무 걱정할 게 없네"라고 말

할 수도 있다. 그러나 GE$^{General Electric}$나 3M 같은 진정한 장기 성장주
는 대단히 드물다. 그보다는 엔론이나 월드컴 같은 주식을 사게 될
가능성이 더 크다. 또는 마침내 GE 주식을 매수하기로 결정했는데
갑자기 하락하기 시작해 5년 동안 시장수익률을 밑돌 수도 있다. 선
도 종목은 계속 바뀌게 마련이다.

장기적인 승자를 알아볼 만큼 운이 좋더라도 포트폴리오에 담은
10여 개의 종목 중 한두 개만 그런 주식일 가능성이 높다. 엄격한 매
도 규칙과 이를 철저하게 실행할 만한 자제력이 없다면 계속 하락하
면서 심지어 소수의 대박주가 안겨준 수익마저 상쇄해버리는 다른
주식들의 손실은 어떻게 방지할 것인가?

대부분의 사람이 분산투자가 답이라고 말할 것이다. 즉, 여러 주
식에 돈을 나눠서 투자하면 두어 종목 때문에 큰 피해를 입을 가능
성이 줄어든다는 설명이다. 이 말은 분명 어느 정도 맞다. 그러나 장
기간 고도의 분산투자를 한 사람들이 지적하듯, "집에 강도가 들면
모조리 다 털어간다"는 오랜 속담도 맞다. 다시 한 번 강조하지만,
2000년에서 2002년에 걸친 약세장 같은 시장은 결국 모든 선도 종
목을 끌어내린다.

2000년 초 시장이 고점을 찍은 후에도 우리 시대 또는 앞선 시대
를 통틀어 최고의 주식 중 하나였던 시스코 시스템즈는 계속 버텼
다. 그러다가 9월이 되면서 주가가 떨어지기 시작했다. 수많은 팬들
은 2000년 3월 82달러에 거래되던 시스코 시스템즈가 1년 후 이익과

매출이 분기당 55퍼센트 넘게 성장하는 와중에도 13달러에 거래되다가 결국 8달러까지 내려갔다는 사실을 지금도 믿기 어려워한다.

요컨대 급락장 이후에 대부분의 종목이 50퍼센트가량 떨어진다면 20개나 30개 종목에 분산투자한들 그다지 도움이 되지 않는다. 2000년에서 2002년에 걸친 약세장에서 정상급 뮤추얼펀드 운용자들의 포트폴리오도 50~60퍼센트, 심지어 그 이상 떨어졌다. 100개가 넘는 종목에 폭넓게 분산투자했어도 막대한 손실을 막지 못했다. 분산투자는 현실적으로 진정한 안전을 보장해주지 못한다.

시장에서 개인적 의견은 아무런 가치가 없다

전설적인 투자자인 제럴드 로엡Gerald Loeb은 대공황의 한복판인 1935년에 첫 책을 썼다. 광범위한 파국을 직접 경험한 그는 폭넓은 분산투자가 "무지를 위한 위험회피 수단"에 불과하다는 결론을 내렸다. 내가 보기에도 소수의 종목을 보유하고, 이 종목들을 속속들이 파악하며, 뭔가 문제가 생기면 즉시 상황을 바로잡을 수 있도록 면밀히 주시하는 것이 보다 효과적인 접근법이다.

다시 말하지만 그 어떤 주식도 오르지 않으면 나쁜 것으로 간주해야 한다. 당신이 보유한 종목이 하락세를 보일 때 당신이 혼자 투자 결정을 내리고 있다면 큰 피해를 보기 전에 신속하게 대처하는 일은 오직 당신의 몫(투자상담사를 쓴다면 그와 당신의 몫)이다. 문제는 누구도 그런 일을 하기에 적합한 성향을 갖고 있지 않다는 것이다.

당신은 보유 종목에 돈뿐만 아니라 자긍심, 자존심, 감정까지 너무나 많은 것을 투자했기 때문에 놓고 싶어 하지 않는다. 그래서 털어내지 않으려고 온갖 핑계를 갖다댄다. "내가 고른 종목이 잘못된 건 아냐", "시장에 전반적으로 문제가 생긴 거야", "내가 고른 종목은 괜찮지만 경제가 힘든 시기에 접어든 탓이야. 하지만 곧 끝날 거야", "전에도 이만큼 내려왔다가 다시 올랐어. 다시 그렇게 되지 말라는 법은 없어", "최근 아주 좋은 실적을 발표했어. 아직은 모든 게 정상이야" 등등 다양한 말을 갖다붙인다. 그러다가 주가가 60퍼센트나 떨어져도 "난 장기 투자자야. 시장은 잠시 곤란한 상황에 빠지더라도 언제나 회복돼", "이만큼 떨어졌는데 더 떨어질 리 없어", "그래도 (2퍼센트) 배당을 받으니까"라고 말하는 단계에 이른다. 물론 이렇게 합리화하려는 심리는 충분히 이해할 수 있다. 이는 인간의 본성이다. 그러나 시장에서 성공하려면 이 같은 본성을 극복해야 한다. 감정을 억누른 채 냉정하고 확고한 객관성과 규칙이 의사결정을 좌우하게 해야 한다. 다시 말하지만 주식시장은 당신이 누구이고 어떤 감정이나 두려움 또는 희망을 가졌는지 신경 쓰지 않는다.

또 다른 위대한 투자자인 제시 리버모어**Jesse Livermore**는 "사람들은 두려워해야 할 때 희망을 갖고, 희망을 가져야 할 때 두려워한다"고 말했다. 다시 말해서 주식이 약간 오르면 더 이상 오르지 않을까 두려워하느라 상승세가 끝나기 전에 팔지 말고 더 오르기를 바라야 한다. 또한 주식이 약간 떨어져서 돈을 잃었으면 주가가 반전해서 당신을 구해줄 것이라고 바라지 말고 더 떨어질 것을 두려워해야 한다.

주식을 팔기 어렵게 만드는 것은 해당 종목뿐 아니라 시장 또는 경제 전반에 대해 들려오는 수많은 의견이다. 당신은 '전문가들', 아마도 처음 주식을 살 때 당신이 참고한 의견을 내놓았던 그 전문가들이 당신이 매수한 회사가 아직 좋은 회사이며, 지금 몇 포인트 떨어졌으니 가격 면에서 전보다 더 매력적이라고 말하는 것을 들어봤을 것이다. 그러나 이 역시 그들의 개인적인 의견에 불과하다. 주식시장에서 개인적인 의견은 아무런 가치도 없다. 당신이 귀 기울여야 하는 유일한 의견은 시장의 의견이다. 시장은 순전히 수요와 공급에 따라 움직이며 어디든 가고 싶은 대로 갈 뿐이다. 시장이 당신을 돌아올 수 없는 곳으로 데려가지 않도록 만들 수 있는 것은 오로지 당신뿐이다.

좋은 투자상담사라면 당신에게 결단력 있는 행동을 제안할 용기를 갖추고 있어야 한다. 물론 그렇게 행동하지 못하더라도 충분히 이해할 순 있다. 어쩌면 투자상담사는 50명의 고객에게 당신과 같은 종목을 권했을지도 모른다. 모든 고객에게 연락해서 자신이 실수했으니 최대한 빨리 바로잡아야 한다고 인정하는 것이 얼마나 힘들지 생각해보라. 누구도 이런 일을 하고 싶어 하지 않는다. 이런 경우 투자상담사는 혼자 투자하는 개인투자자가 극복해야 하는 모든 심리적 장애에 대처해야 한다. 대부분의 경우, 이런 일을 제대로 하지 못한다. 당신과 당신의 투자상담사 둘 다 매수하는 데 동의한 주식을 매도해야 하는 경우도 종종 있을 것이다. 이런 과정 역시 투자의 일부임을 이해해야 한다.

이는 분명 모든 투자자가 알아야 하지만 대부분의 투자자가 받아들이기 어려워하는 가장 힘든 교훈이다. 그런데 너무나 많은 투자자가 미미한 실적밖에 올리지 못하는 이유가 바로 여기에 있다. 다행스럽게도 앞서 설명한 보다 현실적인 시스템을 활용하면 어떤 주식을 보유하고 있든 당신이 감수해야 하는 위험을 7~8퍼센트 정도의 손실에 그치게 할 수 있다.

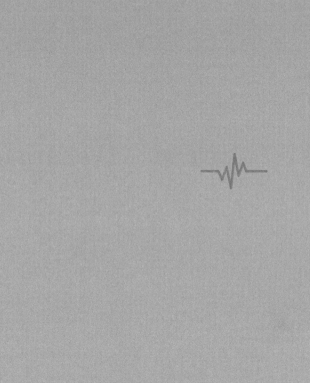

3단계

최적기에
최고의 주식을
사는 법

The
Successful
Investor

강세장에서 최고의 주식을 고르는 12가지 규칙

지금까지 단순한 손익 계획을 통해 자신을 보호하는 법을 알아봤으니 이제 시장에서 진정한 승자가 될 가능성이 가장 높은 종목이나 분명한 상승세를 보이는 강세장이어서 실수를 저지를 가능성이 낮은 상황에서 최고의 주식을 고르는 데 도움을 줄 수 있는 12가지 규칙을 제시하겠다.

이 규칙들은 나나 월가 애널리스트 등 소위 전문가라 할 만한 사람들의 개인적인 의견이나 감정을 토대로 삼지 않았다. 대신 지난 반세기 동안 해마다 최고의 수익률을 기록한 거의 모든 주식들, 100~1000퍼센트 이상 오른 주식들이 보여주는 공통된 특성을 토대로 삼았다. '이상'이라고 뭉뚱그렸는데, 우리가 참고한 최고 수익률은 7만 5000퍼센트에 달한다. 이 같은 놀라운 수익률을 기록한 회사는 바로 시스코 시스템즈다.

이 회사는 1990년에 상장된 후 2000년 초 고점을 찍을 때까지

시스코 시스템즈 월간 차트

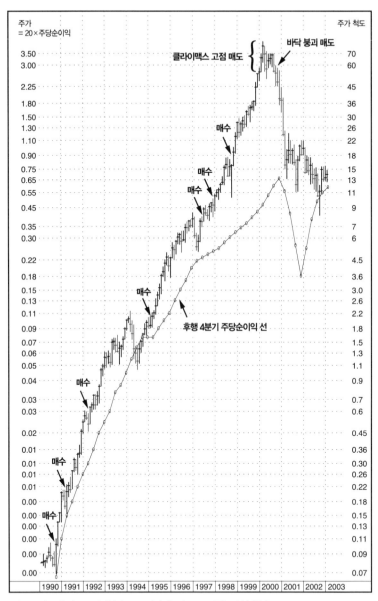

주가
= 20 × 주당순이익

주가 척도

바닥 붕괴 매도

클라이맥스 고점 매도

매수

매수

매수

후행 4분기 주당순이익 선

매수

매수

매수

매수

| 1990 | 1991 | 1992 | 1993 | 1994 | 1995 | 1996 | 1997 | 1998 | 1999 | 2000 | 2001 | 2002 | 2003 |

시스코 시스템즈는 1990년부터 2000년까지 7만 5000퍼센트 상승했다.

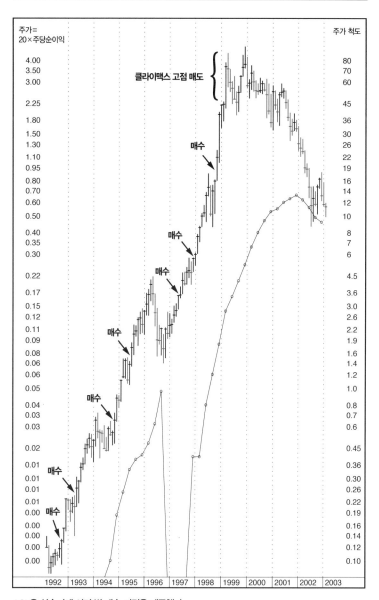

AOL은 상승기에 여러 번 매수 지점을 제공했다.

퀄컴 월간 차트

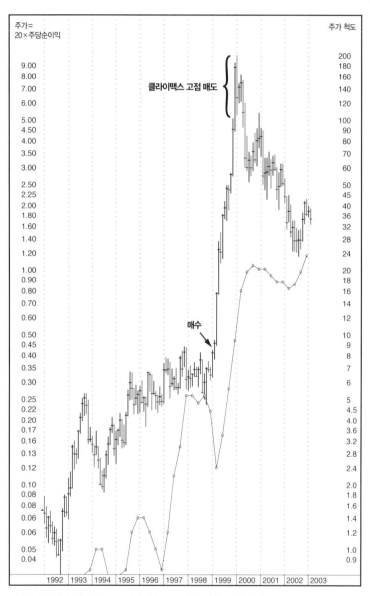

퀄컴은 1998년 후반부터 1999년 말까지 1년 동안 2567퍼센트 상승했다.

실로 경이로운 상승률을 기록했다. 이 정도의 상승률은 3000달러를 들여 100주를 샀다면 2억 200만 달러 이상이 될 만큼 엄청난 것이다. 이 같이 놀라운 수익률을 기록한 다른 사례로는 1998년 10월부터 1999년 4월까지 단 6개월 만에 485퍼센트의 수익률을 기록한 AOL, 1998년 후반부터 1999년 말까지 2500퍼센트의 수익률을 기록한 퀄컴Qualcom이 있다.

다시 한 번 강조하지만 앞으로 제시할 규칙들은 주식시장이 돌아가는 방식에 대한 대다수 사람들의 생각이 아니라 주식시장이 실제로 돌아가는 방식을 토대로 삼는다.

1. 최근 분기의 주당순이익이 전년 동기 대비 25퍼센트 이상 올라야 한다.

주가에 영향을 미치는 모든 요소 중에서 가장 중요한 요소는 수익성이다. 주당순이익EPS은 수익성을 측정하는 지표로, 총세후이익을 발행 주식 수로 나눠서 계산한다.

2. 근래 분기의 이익 증가율이 이전보다 높아야 한다.

주당순이익이 오르는 비율이 이전 분기보다 높아야 한다. 가령 몇 분기 동안 계속 25퍼센트씩 오르던 기업이 갑자기 40퍼센트씩 오르는 식이다. 일부 경우, 이런 상승세가 2~3분기 이상 지속된다.

이런 증가세가 반드시 최근에 나타나야만 하는 것은 아니다. 6분기 또는 8분기 전에 시작될 수도 있다. 다만 현재 또는 근래에 이익 개선 비율이 확연히 높아지는 모습을 보여야 한다. 당신이 찾아야 할 것은 꾸준하게 성장하는 가운데 갑자기 실적이 크게 개선되는 기업이다. 시장은 더 나아지고 개선된 기업에 항상 관심을 갖게 마련이다.

3. 지난 3년 동안 연이익이 25퍼센트 이상 늘어야 한다.

근래에 상장된 젊은 회사라서 지난 3년 동안의 기록을 찾을 수 없다면 5분기 또는 6분기 동안 이익과 매출이 크게 늘어난 것만으로도 충분하다.

어떤 기업의 3년에 걸친 수익 증가치와 근래 여러 분기의 이익 증가율을 평가할 때 시간을 아낄 수 있는 또 다른 방법으로 IBD의 주당순이익 평점을 활용하는 것이 있다. 이 평점은 이 두 가지 요소를 정확하게 측정해준다. IBD 주식표에서 95점 이상인 주식은 대개 유망 종목이다.

4. 매출이 한 분기 이상 25퍼센트 넘게 늘어나야 하며, 최소한 지난 3분기 동안 매출 증가율이 높아져야 한다.

매출 증가율이 -5퍼센트에서 +10퍼센트, +30퍼센트처럼 늘어나는 양상을 보여야 한다. 어떤 기업이 지속적으로 성장하려면 매출이 견고하거나 갈수록 매출 증가율이 높아져야 하며, 이익이 개선되어야 한다. 이 중 하나만 충족하는 것은 안정적이지 않다.

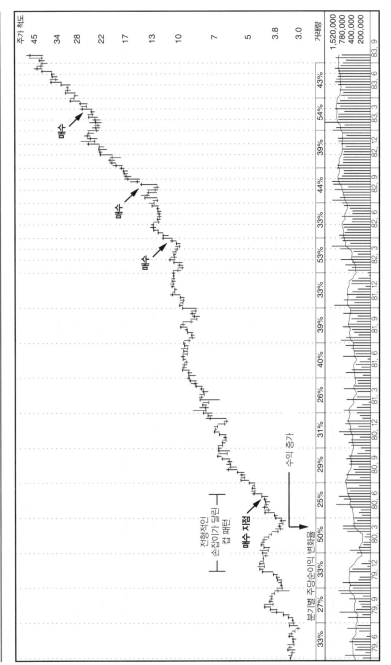

월마트는 1980년부터 3년 동안 1000포인트를 넘게 오르는 등 수익 증가세를 보였다.

5. 최근 분기의 세후 마진이 신고점을 기록하거나 최소한 그 근처여야 하며, 회사 역사상 최고 수준이어야 한다.

소매업종은 대개 마진이 적다. 이런 업종에서도 최고의 마진을 올리는 업체를 찾아야 한다. 월마트Wal-mart와 홈 디포Home Depot는 크게 성장한 기간에 각각 세전 6퍼센트, 3.8퍼센트의 마진을 기록했다. 기타 업종의 경우 역사적으로 최고 수준의 상승률을 기록한 기업들은 대개 18퍼센트 이상의 세전 마진을 기록했다.

높은 자기자본이익률의 중요성

종목명	기준 시점의 자기자본이익률	상승 시작 연도	고점까지 상승률
픽앤세이브Pic'N Save	28.7%	1976	2950%
홈 디포Home Depot	27.8%	1982	958%
프라이스코PriceCo	55.4%	1982	1086%
리즈 클레이본Liz Claiborne	42.4%	1984	715%
리미티드The Limited	42.3%	1985	451%
디스 캔트 비 요거트This Can't Be Yogurt	41.2%	1985	2073%
머크Merck	19.8%	1985	870%
마이크로소프트Microsoft	40.5%	1986	340%
시스코 시스템즈Cisco systems	36.3%	1990	74445%
인터내셔널 게임 테크놀로지 International Game Technology	22.9%	1991	1691%
노키아Nokia	30.9%	1998	862%
큐로직QLogic	18.8%	1998	3345%
아메리카 온라인American Online	36.3%	1998	481%
찰스 슈왑Charles Schwab	29.4%	1998	434%

6. 자기자본이익률이 15~17퍼센트 이상이어야 한다.

자기자본이익률^{ROE}은 기업이 자기자본을 얼마나 효율적으로 활용하는지 측정하는 지표다. 과거의 시장 주기에 탁월한 상승률을 보인 선도 기업들은 대개 15~17퍼센트 이상의 자기자본이익률을 기록했다. 어떤 경우든 자기자본이익률은 높으면 높을수록 좋다. 25퍼센트가 17퍼센트보다 좋고, 35퍼센트나 40퍼센트는 25퍼센트보다 좋다.

그렇다면 믿을 수 있는 정보는 어디서 얻을 수 있을까? 인베스터스닷컴investors.com에 여러 주식에 대한 차트가 있다. 데일리 그래프Daily Graphs의 조사 도구는 대다수 회계사들이 활용하는 기본적인 척도인 자기자본이익률 같은 추가 정보를 많이 담고 있다. 일부 보고서에는 나오지 않을지도 모르지만 찾아보면 분명히 자료를 구할 수 있다. 자기자본이익률은 기업의 수익성과 성장성을 말해주는 또 다른 척도이기 때문에 매우 중요하다.

7. 기술 기업은 주당 현금흐름이 일반 이익보다 커야 한다.

현금흐름은 감가상각비와 내부적으로 창출되는 현금을 반영한다. 대체로 성장 기업, 특히 기술 기업은 현금흐름이 실제 주당순이익보다 20퍼센트 이상 많아야 한다.

8. 일반적인 강세장에서 주당순이익 점수와 상대강도점수가 대부분의 경

우 90점 이상이어야 한다.

주당순이익 점수는 지난 3년간의 이익 증가율을 최근 분기별 이익과 합쳐서 장단기 수익성 증가세를 평가하는 간단한 척도를 제공한다. IBD의 주당순이익 점수는 1점에서 99점까지 매겨지며, 99점이 최고점이다. 어떤 기업의 주당순이익 점수가 95점이라면 근래 분기에 가중치를 둔 가운데 지난 3년간의 이익 증가율이 전체 상장사의 95퍼센트보다 높다는 뜻이다. 일부 경우, 최저 80점까지 받아들일 수 있다.

물론 앞서 다룬 다른 척도들과 마찬가지로 주당순이익 점수도 높을수록 좋다. 주당순이익 점수가 95~99점인 기업들은 85점인 기업들보다 강세장에서 크게 상승하는 모습을 보인다. 7만 5000퍼센트에 이르는 상승세를 보이기 전인 1990년 11월, IBD 주식표에 나온 시스코 시스템즈의 주당순이익 점수는 99점이고, 상대강도점수는 97점이었다. 상대강도점수는 지난 12개월 동안의 주가 상승률을 바탕으로 측정한다. 90점은 해당 주식이 같은 기간에 90퍼센트의 다른 주식보다 많이 올랐음을 뜻한다.

당신이 매수하는 주식은 주당순이익 점수가 높을 뿐 아니라 상대강도점수도 높아야 한다. 하나에만 해당되어서는 안 된다. 2000년에서 2002년까지 이어진 약세장처럼 비정상적으로 가파른 약세장이 끝난 후 새로운 강세장이 시작되는 초기 단계에서는 6개월 동안의 상대강도점수도 어느 정도 가치를 지닌다. 최소한 상대적 주가 변동에 대한 부차적 관점을 제공하기 때문이다.

〈인베스터스 비즈니스 데일리〉의 '금요 주간 리뷰' 코너에는 주당 순이익 점수와 상대강도점수가 85점 이상인 기업들의 차트와 자료가 실려 있다. 이 목록에 포함된 주식은 대개 오랜 기간에 걸쳐 다른 유명한 주식보다 높은 상승률을 기록했다고 보면 된다. 또한 매주 월요일에는 B 코너에서 주당순이익 점수와 상대강도점수 기준 상위 100대 기업들을 소개한다. 여기에는 각 기업에 대한 설명이나 최근 기업 소식도 함께 실린다. 그래서 차트와 추가 펀더멘털 분석을 통해 살필 가치가 있는 유망 후보군의 목록으로 활용할 수 있다.

9. 해당 종목이 속한 산업군이 〈인베스터스 비즈니스 데일리〉가 분류한 197개 산업군 중에서 상위 10대 또는 20대 산업군에 속해야 한다.

앞서 언급한 대로 5~10개 산업이 모든 강세장을 이끌지만, 이와 연관된 일부 산업도 좋은 모습을 보일 수 있다. 가령 건설 붐이 진행 중이고 주택건설업종에 속한 모든 주식이 상승하고 있다면 주택담보대출기관이나 잔디깎기 기계 제조사, 식기세척기 제조사의 주식도 상승할 가능성이 높다. 당신이 찾아야 할 것은 각 선도 업종에서 가장 강한 부문이다. 당신이 보유한 주식이 최고의 상승률을 보이는 산업군에 속하지 않는다면 최소한 해당 산업군에 속한 하나나 두 개의 다른 주식은 주당순이익 점수와 상대강도점수가 높아야 한다. 역사적으로 최고의 수익률을 보인 주식 중 60퍼센트는 특정 산업군의

197개 산업군 중 상위 20대 산업군

상위 20대 산업군 (1998.12.31)			
순위	산업군	순위	산업군
1	컴퓨터 소프트웨어 – 인터넷	11	컴퓨터 소프트웨어 – 기업용
2	반도체 제조	12	컴퓨터 소프트웨어 – 데스크톱
3	컴퓨터 – 메모리	13	식품 – 육류 제품
4	소매·도매 – 컴퓨터·휴대폰	14	미디어 – 케이블 TV
5	컴퓨터 – 로컬 네트워크	15	의료 – 생체의학·유전학
6	전자 – 기타 부품	16	소매 – 소비자 가전
7	전자 – 반도체 장비	17	의료 – 제품
8	컴퓨터 – 미니·마이크로	18	미디어 – 도서
9	소매 – 우편 주문 및 직판	19	컴퓨터 소프트웨어 – 보안
10	컴퓨터 – 메인프레임	20	의료 – 도매 약품·잡화

상위 20대 산업군 (2003.3.28)			
순위	산업군	순위	산업군
1	통신 – 광섬유	11	의료 – 복제약
2	인터넷 – ISP	12	컴퓨터 – 의료 소프트웨어
3	반도체 제조	13	운송 – 서비스
4	인터넷 – 전자상거래	14	컴퓨터 – 네트워킹
5	통신 – 무선 장비	15	은행 – 남동부
6	미디어 – 케이블·위성 TV	16	기계 – 원자재 처리·자동화
7	인터넷 – 콘텐츠	17	의료 – 제품
8	컴퓨터 – 데이터 저장	18	은행 – 북동부
9	컴퓨터 – 기업용 소프트웨어	19	통신 – 무선 서비스
10	컴퓨터 – 데스크톱	20	은행 – 해외

* 윌리엄 오닐 플러스 코의 197개 산업군(William O'Neil + Co. 197 Industry Groups™)은 윌리엄 오닐 플러스 코 가 보유한 등록상표로서 허가하에 〈인베스터스 비즈니스 데일리〉가 사용하고 있다.

강력한 상승세에 힘입은 결과였다.

10. 뮤추얼펀드나 은행, 보험사 같은 기관투자자의 후원을 받아야 하며, 뮤추얼펀드 후원자 수가 여러 분기에 걸쳐 매 분기 늘어나야 한다.

최소한 최고 수익률을 기록한 뮤추얼펀드 중 일부가 최근 1~2분기에 당신이 보유한 주식을 새로 매입하거나 보유량을 크게 늘렸는지 살펴야 한다.

11. 기업이 5~10퍼센트 이상 자사주를 매입하는 것은 대개 좋은 일이다.

어떤 주식이 다른 모든 긍정적인 캔 슬림 CAN SLIM 특성을 지녔으며, 해당 기업이 자사주를 매입한다면 경영진이 향후 매출이 개선되리라 예상하고 있을 가능성이 높다. 경영진이 상당한 지분을 보유하고 있는 경우에는 자사주 매입이 없을 수도 있다. 다만 기업의 지분율 기준을 일반화해 제시하기는 어렵다. 발행 주식 수가 많은 기성 대기업은 2퍼센트 정도도 충분하다. 반면 발행 주식 수가 적은 젊은 기업은 경영진의 지분이 5~30퍼센트 이상 되어야 한다.

12. 어떤 주식을 매수하든 해당 기업의 이야기를 제대로 이해해야 한다.

해당 기업은 무엇을 만들고 어떤 일을 하는가? 사람들은 그 기업의 제품이나 서비스를 어떻게 이용하는가? 그 기업은 사람들에게 어떤 고유한 이점을 제공하는가? 그 기업의 제품이나 서비스를 사는 사람은 누구인가? 이 같은 질문에 즉시 대답할 수 있어야 한다. 한마디로 당신이 보유한 주식을 제대로 이해하고 있어야 한다. 해당 기업에 대해 잘 알수록 그 종목에 대한 당신의 믿음은 더욱 굳건해지고, 투자와 관련해 당신이 타당한 결정을 내릴 가능성은 더욱 높아지며, 조정기에도 흔들리지 않고 그 종목을 계속 보유할 수 있게 된다. 그렇다고 해서 당신이 예상한 대로 상승하지 않는데도 맹목적으로 붙들고 있으라는 것은 아니다. 시장이 당신의 주식에 대해 무슨 말을 하는지 항상 귀를 기울여야 한다.

여기서 전반적으로 통용되는 기준은 해당 산업 또는 특정 분야에서 1위 기업을 고르기 위해서는 최대한 고심해야 한다는 것이다. 유명세나 브랜드 인지도 면에서 1위가 아니라 주당순이익 증가율, 자기자본이익률, 이윤율, 매출 증가율, 상대적 주가 상승률 같은 핵심 척도에서 1위여야 한다. 모든 사람이 시어스Sears를 안다. 그런데 시어스의 근본적인 실적 수치가 현재 소매 산업 부문에서 1위인가? 지금 현 시점의 진정한 선도 기업을 찾아라. 선도 기업은 언제든 바뀔 수 있다.

최적의 매수 시점을 알려주는 5가지 차트 패턴

맞춤식 심사를 통해 최고의 기업들을 골라냈고 각 기업의 핵심 변수를 자세히 비교했다면, 이제는 언제가 매수 적기인지 판단해야 할 차례다. 다시 말해서 곧 주가가 올라서 잠재적으로 대박주가 될 가능성이 높은 때가 언제인가 생각해봐야 한다. 주가가 가장 낮은 때를 말하는 것이 아니다. 대박을 낼 가능성이 가장 높은 때를 말하는 것이다.

이를 판단할 수 있는 가장 쉽고 효율적인 방법은 펀더멘털 데이터와 함께 차트를 활용하는 것이다. 차트는 다른 방식으로는 살필 수 없는 수백 개 종목을 검토할 수 있게 해준다. 지금부터 예로 들 차트들은 모두 주식 분할을 반영한 것이다. 그러니 주가가 낮은 주식을 추천하는 것이라고 생각하지는 마라. 시작 주가가 5달러나 10달러인 종목은 대부분 해당 시점에 원래 주가가 30~50달러였을 가능성이 높다.

나는 주로 일간, 주간 주가 및 거래량 차트를 활용한다. 그러나 때로는 월간 차트뿐 아니라 짧게는 5~10분 단위 간격을 기준으로 하는 일중 차트도 제시할 것이다. 나는 주간 차트를 선호하는데, 그 이유는 양호하면서도 전반적으로 실용적인 관점을 제공하고 견실한 패턴을 포착하기가 쉽기 때문이다. 아울러 나는 주간 차트에서 드러나지 않는 중요한 지점에서 하루나 이틀에 걸쳐 나타나는 중요한 주가 및 거래량 관련 매수 단서를 놓치지 않기 위해 일간 차트도 항상 확인한다. 여러 해를 포괄하는 월간 차트를 살피는 것도 도움이 된다. 어떤 종목이 10년에 걸친 바닥과 전고점에서 부상하는 것뿐만 아니라 그보다 짧은 기간에 적절한 패턴을 보이며 잠재력을 강화하는 모습을 확인할 수 있기 때문이다.

IBD의 폭넓은 데이터베이스나 다른 데이터베이스를 토대로 최고의 펀더멘털 속성들을 걸러낸 수많은 차트들을 검토하면 여러 투자 아이디어를 얻을 수 있다. 차트를 보면서 아래 나오는 5가지 기본 차트 패턴을 찾아라.

손잡이가 달린 컵

우리는 지난 50년 동안 최고의 주식에서 가장 많이 나타난 패턴 또는 바닥에 이런 별명을 붙였다. 이 패턴은 실제로 옆에서 본 컵의 실루엣처럼 생겼다. 전형적인 손잡이가 달린 컵 패턴은 주가가 5~7주 동안 조정 받으면서 컵의 왼쪽 부분을 만든다. 그 기간이 더 길수도 있고, 더 짧을 수도 있다. 대부분의 컵은 몇 주 동안 둥글게 바닥을 다지지만, 일부는 바닥이 더 좁다. 그다음 대개 패턴에 속한 전고점의 10~15퍼센트 상승하면서 패턴의 절반 이상을 넘는다. 이어 횡보하기 시작하면서 소위 패턴의 손잡이 부분을 만든다. 손잡이의 낮은 부분, 그리고 컵의 바닥 부분에서 1~2주 동안 거래량이 감소하거나 아주 낮은 수준으로 줄어든다. 이는 더 팔 것이 많지 않다는 뜻으로, 긍정적인 요소다.

강세장에서 이런 패턴이 나타났을 때 주식을 매수할 적기는 저점을 낮추며 흘러내리던 손잡이 부분이 완성되고 다시 오르기 시작하면서 손잡이 부분의 전고점을 깰 준비를 하는 때다. 이는 전환축 매수점 또는 정확한 매수점이라 불리는데, 신고점으로 보일 수도 있다. 그러나 대개 이 지점은 전체 손잡이가 달린 컵 패턴의 최고점에서 5퍼센트나 10퍼센트 또는 15퍼센트 낮다. 가장 강력한 손잡이가 달린 컵 패턴은 이전 상승세에서 여러 주 동안 거래량이 대량 증가하는 가운데 최소한 주가가 30퍼센트 이상 강하게 상승하는 모습을 보여야 한다.

다음은 1998년에서 2000년에 걸친 강세장에서 형성된 3개의 전형적인 손잡이가 달린 컵 패턴으로, 매수점과 뒤이은 상승세를 보여준다. 이와 비슷한 모양이지만, 사실은 결점이 있어서 주가가 하락하는 잘못된 손잡이가 달린 패턴도 뒤이어 소개하겠다.

손잡이가 달린 컵 패턴은 1998년에서 2000년에 걸친 기간에만 한정돼 나타난 것이 아니다. 이 패턴은 시장의 역사를 통틀어 모든 주기에서 거듭 등장하고 등장했다.

손잡이가 달린 컵 패턴의 바닥은 첫 주에 고점 마감으로 시작되며, 적어도 6~8주 동안 이어지고 대부분 6개월~1년에 걸쳐 바닥이 형성된다. 최고점에서 최저점까지의 조정폭은 일반적으로 25~40퍼센트 정도 다. 조정폭은 대개 전체 시장의 평균 조정폭보다 2.5배 이상 커서는 안 된다.

거의 모든 패턴은 전반적인 시장 지수의 조정 또는 하락 때문에 형성된다. 어떤 의미에서 시장의 조정은 미래를 위해 유익하다고 볼 수 있다. 몇 개월 후 새로운 선도 종목들이 등장할 새로운 패턴이 형

리복 일간 차트

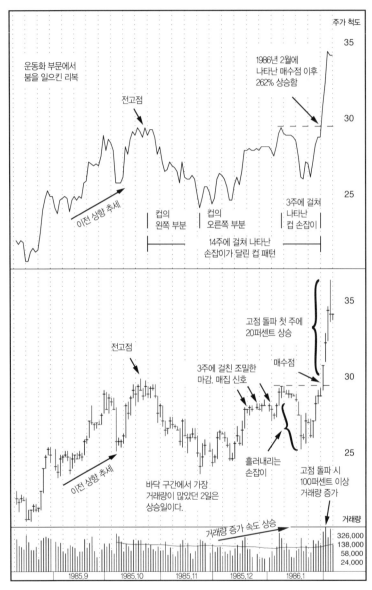

운동화 부문에서
붐을 일으킨 리복

전고점

1986년 2월에
나타난 매수점 이후
262% 상승함

주가 척도

35

30

25

이전 상향 추세

컵의
왼쪽 부분

컵의
오른쪽 부분

3주에 걸쳐
나타난
컵 손잡이

14주에 걸쳐 나타난
손잡이가 달린 컵 패턴

전고점

고점 돌파 첫 주에
20퍼센트 상승

3주에 걸친 조밀한
마감. 매집 신호

매수점

35

30

이전 상향 추세

바닥 구간에서 가장
거래량이 많았던 2일은
상승일이다.

흘러내리는
손잡이

고점 돌파 시
100퍼센트 이상
거래량 증가

25

거래량 증가 속도 상승

거래량

326,000
138,000
58,000
24,000

1985.9   1985.10   1985.11   1985.12   1986.1

**14주에 걸쳐 형성된 리복의 일간 차트 패턴, 14주에 걸쳐 형성된 손잡이가 달린 컵 패턴이 뚜렷이
보인다.**

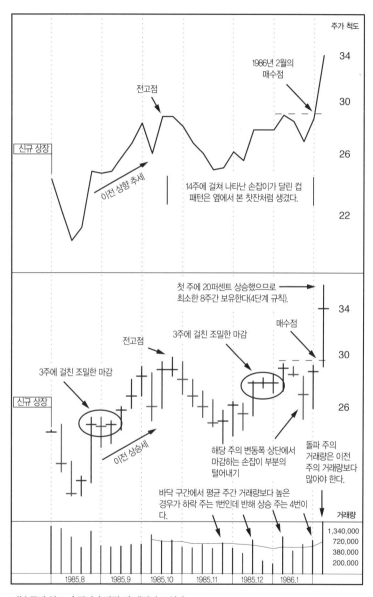

리복 주간 차트. 손잡이가 달린 컵 패턴이 보인다.

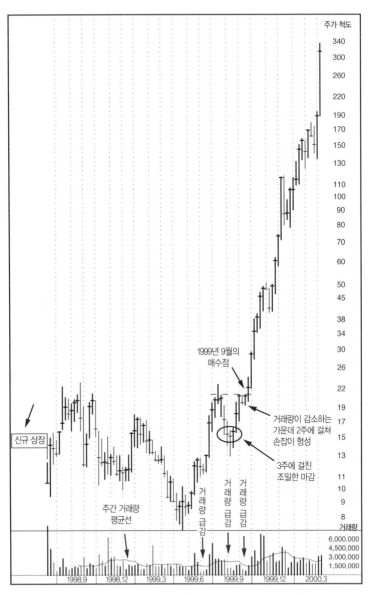

주가 척도
340
300
260
220
190
170
150
130
110
100
90
80
70
60
50
45
38
34
30
26
22
19
17
15
13
11
10
9
8
거래량

1999년 9월의
매수점

거래량이 감소하는
가운데 2주에 걸쳐
손잡이가 형성

3주에 걸친
조밀한 마감

신규 상장

거래량 급감

거래량 급감

거래량 급감

주간 거래량
평균선

6,000,000
4,500,000
3,000,000
1,500,000

1998.9   1998.12   1999.3   1999.6   1999.9   1999.12   2000.3

24주 만에 1414퍼센트 상승한 마이크로스트래티지 주간 차트. 8주에 걸쳐 형성된 손잡이가 달린 컵 패턴이 보인다.

찰스 슈왑 주간 차트

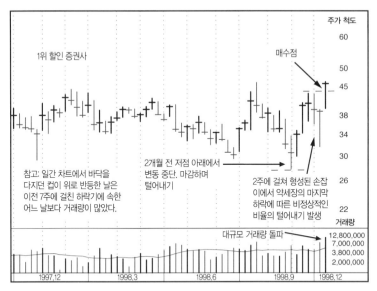

12주에 걸쳐 손잡이가 달린 컵 패턴을 형성한 이후 26주 동안 428퍼센트 상승한 찰스 슈왑의 주가.

노키아 주간 차트

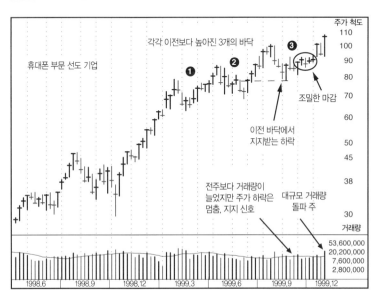

13주에 거쳐 손잡이가 달린 컵 패턴을 형성한 이후 19주 동안 2배 상승한 노키아의 주가.

페이첵스 주간 차트

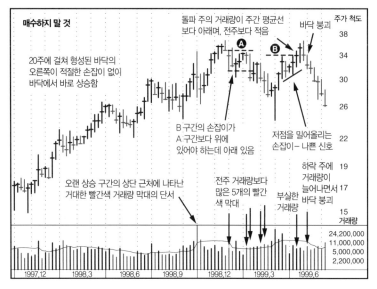

저점을 밀어올리는 잘못된 손잡이가 달린 컵 패턴.

시스코 시스템즈 주간 차트

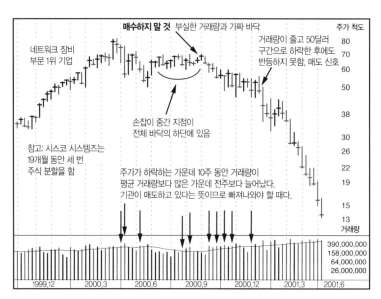

23주에 걸쳐 형성된 잘못된 손잡이가 달린 컵 패턴의 세 번째 단계 붕괴.

홈 디포 주간 차트

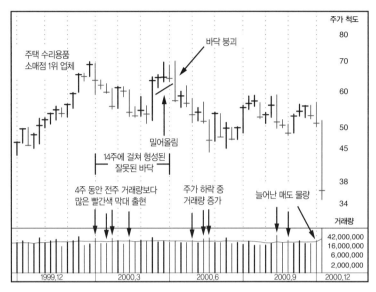

바닥 붕괴

주택 수리용품
소매점 1위 업체

주가 척도
80
70
60
50
45
38
34

밀어올림

14주에 걸쳐 형성된
잘못된 바닥

4주 동안 전주 거래량보다
많은 빨간색 막대 출현

주가 하락 중
거래량 증가

늘어난 매도 물량

거래량
42,000,000
16,000,000
6,000,000
2,000,000

1999.12   2000.3   2000.6   2000.9   2000.12

저점에서 바로 오르면서 14주 동안 형성된 잘못된 손잡이가 달린 컵 패턴.

큐로직 주간 차트

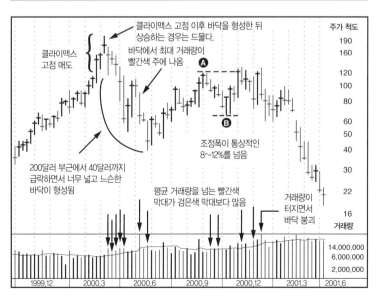

클라이맥스 고점 이후 바닥을 형성한 뒤
상승하는 경우는 드물다.

클라이맥스
고점 매도

바닥에서 최대 거래량이
빨간색 주에 나옴

주가 척도
190
160
120
100
80
60
50
40
30
22
16

Ⓐ

Ⓑ

200달러 부근에서 40달러까지
급락하면서 너무 넓고 느슨한
바닥이 형성됨

조정폭이 통상적인
8~12%를 넘음

평균 거래량을 넘는 빨간색
막대가 검은색 막대보다 많음

거래량이
터지면서
바닥 붕괴

거래량
14,000,000
6,000,000
2,000,000

1999.12   2000.3   2000.6   2000.9   2000.12   2001.3   2001.6

39주에 걸쳐 폭넓고 느슨하게 형성된 잘못된 손잡이가 달린 컵 패턴.

성될 환경을 만들어주기 때문이다. 그러나 이런 움직임을 파악하려면 정신을 차리고 있어야 한다. 가령 소매업종 주식들이 한 시점에서는 부실한 선택지였다가 몇 주 후 갑자기 견실한 패턴을 그리며 선도 종목으로 부상할 수 있다. 이런 상황에서 수익을 내려면 현재 일어나는 변화를 주시하면서 그 자리에 있어야 한다. 다른 일을 할 때와 마찬가지로, 이 일 역시 주의를 기울이지 않으면 실패하게 마련이다.

지금은 종일 바쁘게 일하면서도 투자 상황을 관리하는 게 비교적 쉬워졌다. IBD의 온라인 버전인 eIBD™는 장 마감 후 몇 시간 만에 전 세계 모든 곳에 제공된다. 또한 웹사이트 인베스터스닷컴investors.com 구독자들은 전문가용 일간, 주간 주가 및 거래량 차트와 지난 IBD 기사를 모두 무료로 볼 수 있다. 나는 어떤 기업의 펀더멘털을 근원적으로 속속들이 파악하기 위해 매수하기 전에 항상 해당 기업에 대한 기사들을 꼼꼼하게 읽는다. 이밖에 낮이나 저녁 또는 주말에도 투자 상황을 효율적으로 확인할 수 있도록 도와주는 여러 가지 휴대용 시세 확인 기기와 PC 제품이 있다.

브런즈윅 주간 차트

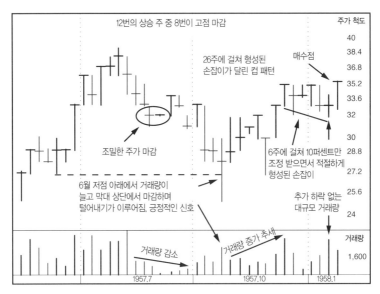

12번의 상승 주 중 8번이 고점 마감

주가 척도
40
38.4
36.8
35.2
33.6
32
30
28.8
27.2
25.6
24

26주에 걸쳐 형성된 손잡이가 달린 컵 패턴

매수점

조밀한 주가 마감

6주에 걸쳐 10퍼센트만 조정 받으면서 적절하게 형성된 손잡이

6월 저점 아래에서 거래량이 늘고 막대 상단에서 마감하며 털어내기가 이루어짐, 긍정적인 신호

추가 하락 없는 대규모 거래량

거래량 감소

거래량 증가 추세

거래량
1,600

1957.7   1957.10   1958.1

브런즈윅은 1958년에 손잡이가 달린 컵 패턴을 형성한 이후 1605퍼센트 상승했다.

크라이슬러 주간 차트

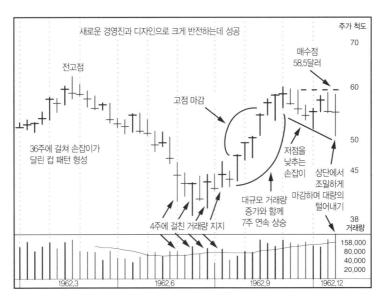

새로운 경영진과 디자인으로 크게 반전하는데 성공

주가 척도
70
60
50
45
38
거래량

전고점

매수점
58.5달러

고점 마감

36주에 걸쳐 손잡이가 달린 컵 패턴 형성

저점을 낮추는 손잡이

상단에서 조밀하게 마감하며 대량의 털어내기

4주에 걸친 거래량 지지

대규모 거래량 증가와 함께 7주 연속 상승

158,000
80,000
40,000
20,000

1962.3   1962.6   1962.9   1962.12

크라이슬러는 1962년 손잡이가 달린 컵 패턴을 형성한 이후 2년 동안 353퍼센트 상승했다.

아메리칸 리서치 앤드 디벨럽먼트 주간 차트

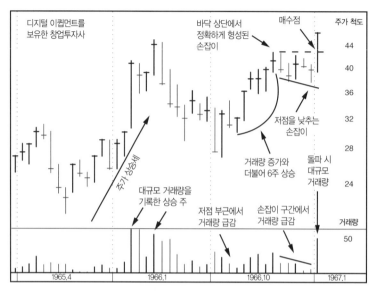

아메리칸 리서치 앤드 디벨럽먼트는 22주에 걸쳐 형성된 손잡이가 달린 컵 패턴을 형성한 이후 830퍼센트 상승했다.

월마트 주간 차트

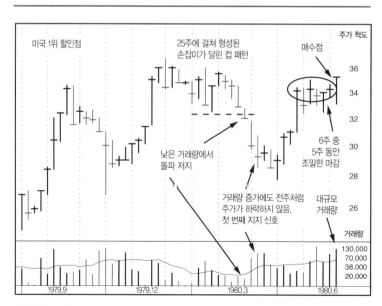

월마트의 주가는 손잡이가 달린 컵 패턴 이후 36개월 동안 957퍼센트 상승했다.

컴팩 컴퓨터 주간 차트

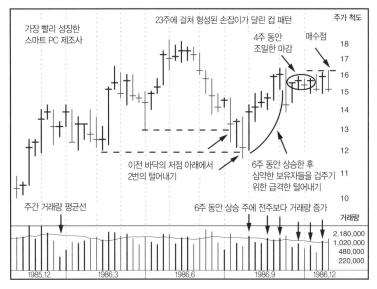

컴팩은 1986년에 손잡이가 달린 컵 패턴을 형성한 후 11개월 동안 378퍼센트 상승했다.

시스코 시스템즈 주간 차트

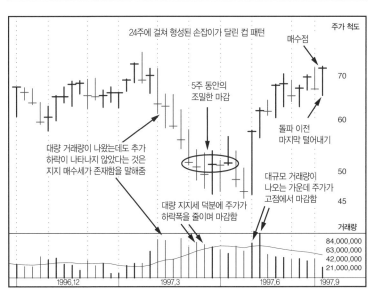

시스코 시스템즈는 1997년에 손잡이가 달린 컵 패턴을 형성한 후 2000년 3월까지 900퍼센트 상승했다.

네트워크 어플라이언스 주간 차트

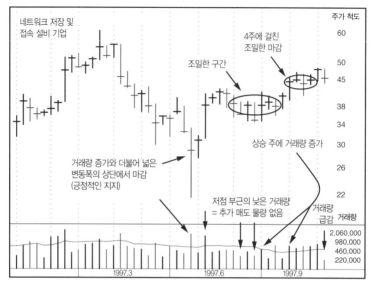

어플라이언스는 1997년에 손잡이가 달린 컵 패턴을 형성한 후 30개월 동안 3700퍼센트 상승했다.

JDS 유니페이즈 주간 차트

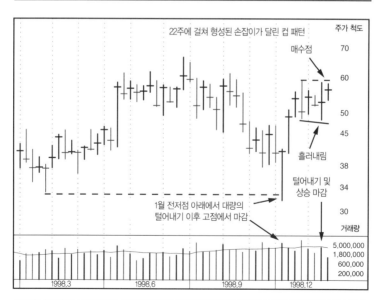

JDS 유니페이즈는 1998년에 손잡이가 달린 컵 패턴을 형성한 후 68주 동안 2016퍼센트 상승했다.

접시

이 패턴은 손잡이가 달린 컵 패턴과 비슷한 모양이지만 자주 나타나지는 않는다. 접시 패턴은 손잡이가 달린 컵 패턴보다 조정폭이 얕고 최소 6~8주 이상 이어진다. 대다수 경우에 손잡이가 보인다. 컵이나 접시 패턴의 손잡이는 목적이 있다. 주가가 큰 폭으로 조정 받은 후 반등해서 바닥부터 크게 오르려면 대개 상승해서 신고점으로 나아가기 전에 최후의 일시적 후퇴pullback를 거쳐야 한다. 손잡이 부분의 일시적 후퇴는 대개 고점에서 최저점에 이르는 구간의 8~12퍼센트를 넘지 않는다. 다만 약세장의 바닥에서는 최대 20~30퍼센트가 될 수도 있다. 일시적 후퇴는, 첫째 시장 지수가 급락한 날에 보유자들을 좀 더 털어내는 기회이자, 둘째 전체 패턴의 바닥에서 벗어나는 초기의 힘이 상당한 상승세를 유지할 수 있는지 알아보는 최후의 기회다.

차트의 바닥 패턴을 형성하는 이런 조정과 횡보 중 다수가 12~13주, 심지어 24~26주 동안 이어지는 것은 우연이 아니다. 이 기간은 기업의 실적이 발표되는 3개월 주기와 호응한다. 이는 많은 전문투자자가 자금을 투자하기 전에 또 다른 실적 발표를 기다린다는 것을 보여준다.

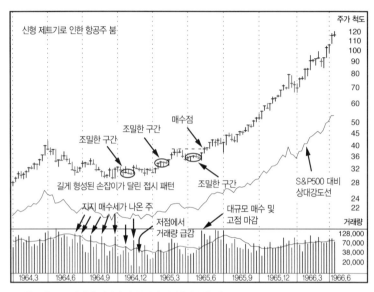

신형 제트기로 인한 항공주 붐

주가 척도
120
110
100
90
80
70
60
50
45
40
36
32
28
24
22

매수점

조밀한 구간

조밀한 구간

길게 형성된 손잡이가 달린 접시 패턴

조밀한 구간

S&P500 대비
상대강도선

지지 매수세가 나온 주

대규모 매수 및
고점 마감

저점에서
거래량 급감

거래량
128,000
70,000
38,000
20,000

1964.3 | 1964.6 | 1964.9 | 1964.12 | 1965.3 | 1965.6 | 1965.9 | 1965.12 | 1966.3 | 1966.6

델타항공은 1965년에 손잡이가 달린 접시 패턴을 형성한 후 49주 동안 211퍼센트 상승했다.

쌍바닥

이 패턴은 손잡이가 달린 컵 패턴만큼 자주 나타나지 않는다. 쌍바닥 패턴은 알파벳 글자 'W'처럼 생겼지만, 거의 모든 경우에 두 번째 하향 곡선의 저점이 첫 번째 하향 곡선의 저점보다 더 내려간 모습을 보인다. 이런 움직임은 첫 번째 하향 곡선에서 털어내지 못한, 이전 저점에서 하락이 멈추기를 바라는 모든 심약한 보유자들을 털어내는 데 도움이 된다. 또한 주가가 더 낮은 저점으로 떨어지면 매수 희망 지점에 이르렀다는 판단 아래 기관투자자들이 일부 들어올 수도 있다. 쌍바닥의 전환축 매수점 또는 정확한 매수점은 W의 중간 고점이다. 이 고점은 전체 쌍바닥 패턴의 전고점보다 반드시 아래 있어야 한다.

주식이 쌍바닥에서 탈출한 날에는 거래량이 대개 일평균 거래량보다 50퍼센트 이상 증가하는 모습을 보인다. 과거의 대박주들은 매수점을 돌파하는 날 거래량이 100퍼센트나 200퍼센트, 또는 300퍼센트 늘어났다. 돌파일에 거래량이 25퍼센트 이하 늘었다면 바닥에서 탈출하는 데 실패할 가능성이 높다. 주요 지점에서 전문투자자들의 수요가 충분히 유입되지 않았기 때문이다. 주간 차트의 경우, 돌파가 나타난 주에 전주보다 거래량이 줄어든다면 이는 중요한 시기에 수요가 적다는 또 다른 신호로, 돌파에 실패할 가능성이 있다.

앞서 말한 대로 최고의 매수점은 대개 W의 중간 고점으로 이는 실제 전고점보다 5~15퍼센트 아래일 수 있다. 다시 말해, 이 패턴에서는 확실한 신고점을 기다릴 필요가 없다.

NVR 주간 차트

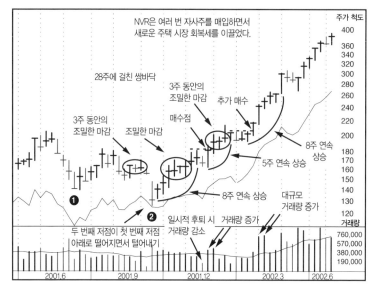

NVR은 쌍바닥 패턴을 보인 이후 23주 동안 100퍼센트 상승했다.

노키아 주간 차트

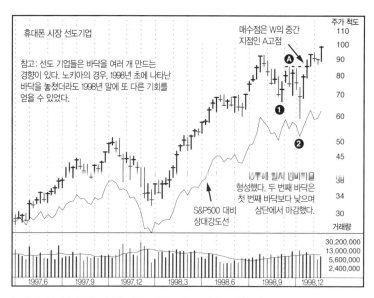

노키아는 쌍바닥 패턴을 나타낸 이후 15개월 동안 450퍼센트 상승했다.

AMF 주간 차트

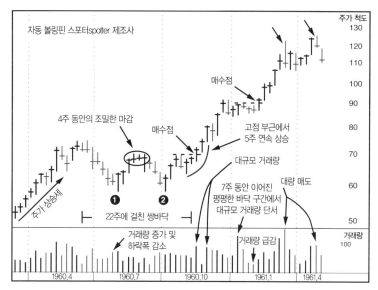

자동 볼링핀 스포터spotter 제조사

주가 척도

4주 동안의 조밀한 마감

매수점

고점 부근에서 5주 연속 상승

매수점

대규모 거래량

주가 상승세

22주에 걸친 쌍바닥

7주 동안 이어진 평평한 바닥 구간에서 대규모 거래량 단서

대량 매도

거래량 증가 및 하락폭 감소

거래량 급감

거래량

AMF는 쌍바닥 패턴을 나타낸 이후 7주에 걸쳐 평평한 바닥을 형성했다.

글레네어 테크놀로지스 주간 차트

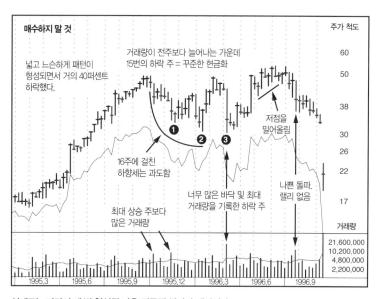

매수하지 말 것

주가 척도

넓고 느슨하게 패턴이 형성되면서 거의 40퍼센트 하락했다.

거래량이 전주보다 늘어나는 가운데 15번의 하락 주 = 꾸준한 현금화

저점을 밀어올림

16주에 걸친 하향세는 과도함

최대 상승 주보다 많은 거래량

너무 많은 바닥 및 최대 거래량을 기록한 하락 주

나쁜 돌파. 랠리 없음

거래량

실제로는 바닥이 세 번 형성되어 나온 잘못된 쌍바닥 패턴이다.

베리타스 소프트웨어 주간 차트

넓고 느슨한 형태로 바닥이 붕괴된 또 다른 잘못된 쌍바닥 패턴이다.

오라클 주간 차트

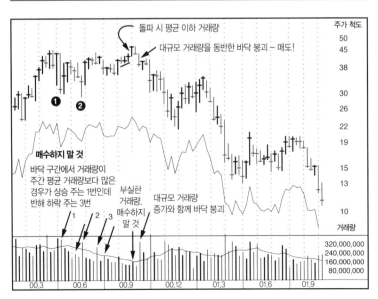

잘못된 쌍바닥 패턴이다. 하락 주에 많은 거래량이 동반된 모습이 보인다.

타이코 주간 차트

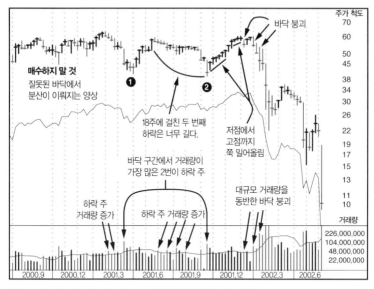

최대 거래량이 나온 2번이 모두 하락 주인 잘못된 쌍바닥 패턴이다.

왓슨제약 주간 차트

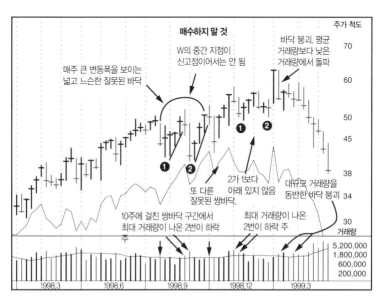

2번 나타난 쌍바닥 패턴에서 두 번째 저점이 첫 번째 저점보다 위에 있다. 모두 잘못된 패턴이다.

평평한 바닥

이 패턴은 거의 직선으로 횡보하지만 심한 조정(10~15퍼센트)은 받지 않는 형태다. 또한 주가가 상승한 이후 초기 바닥이 20~25퍼센트 이상의 상승폭을 대부분 유지하는 상태에서 두 번째 바닥으로 형성된다. 다른 패턴은 최소 7~8주 동안 지속되지만 이 패턴은 지속 기간이 5~6주로 짧은 편이다.

상승 바닥

이 패턴은 주가가 초기에 손잡이가 달린 컵 패턴이나 쌍바닥 패턴에서 벗어나 전체 상승폭의 일정 부분까지 오른 후 또 다른 바닥이 나타나는 형태다. 지속 기간은 대개 9~16주 정도며, 주가는 3번 정도 10~20퍼센트가량 일시적으로 후퇴하는 모습을 보인다. 일시적으로 후퇴할 때 각각의 저점은 이전보다 약간 더 높은 수준에서 형성되며, 각각의 랠리는 신고점을 향해 약간 더 높이 나아간다. 이 패턴을 상승 바닥이라고 부르는 이유는 바로 여기 있다. 3번 정도 일시적 후퇴가 나타나는 것은 거의 언제나 단기적인 시장의 투매 때문이다.

주간 차트로 패턴을 분석할 때는 매주 주가와 거래량 변동을 살펴야 한다. 이 패턴은 첫 주에 주가가 고점에서 전환축 또는 전형적인 매수점까지 하락 마감하면서 시작된다. 어느 정도 시간이 지나면 정상적이거나 긍정적인 변동과 비정상이거나 부정적인 변동을 구

시스코 시스템즈 주간 차트

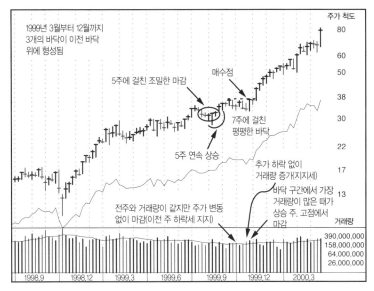

평평한 바닥 위에 평평한 바닥을 만들며 양호한 패턴을 형성한 시스코 시스템즈의 주가.

헬릭스 테크놀로지 주간 차트

거래량이 부실하고 저점을 밀어올리는 잘못된 평평한 바닥.

보잉 주간 차트

너무 일찍 형성되었지만 클라이맥스 고점이
아니라고 보기는 어렵다. 속아서는 안 된다.
2주에 걸친 급등은 1차 바닥에서 벗어난 후
10번째 및 11번째 주에 이뤄졌다. 따라서 계속
보유하고 있어야 한다. 이후 2주 동안 거래량이
빠르게 줄어들었다. 이런 일은 클라이맥스
고점에서는 일어나지 않는다

돌파 이후 29번째 및 30번째
주에 클라이맥스 고점에서 매도

상승 바닥을 벗어나는
매수 지점

1차 바닥 구간의 매수점

13주에 걸친 상승
바닥. 3번의 일시적
후퇴가 있을 때마다
거래량이 감소했다.

이전 상승세에
따른 8주 연속 상승

1954년 13주에 걸쳐 상승 바닥 패턴을 형성한 보잉의 주가.

모노그램 인더스트리즈 주간 차트

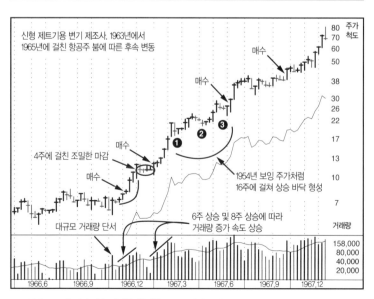

신형 제트기용 변기 제조사. 1963년에서
1965년에 걸친 항공주 붐에 따른 후속 변동

매수

매수

매수

4주에 걸친 조밀한 마감

매수

1954년 보잉 주가처럼
16주에 걸쳐 상승 바닥 형성

대규모 거래량 단서

6주 상승 및 8주 상승에 따라
거래량 증가 속도 상승

1967년에 16주에 걸쳐 상승 바닥을 형성한 모노그램의 주가.

시먼스 프리시즌 주간 차트

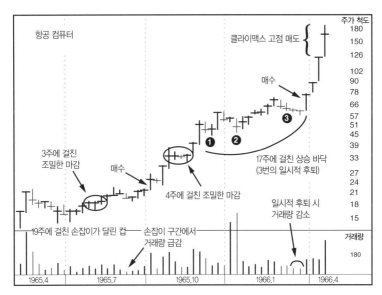

1966년에 17주 동안 상승 바닥을 형성한 시먼스의 주가.

레드먼 인더스트리즈 주간 차트

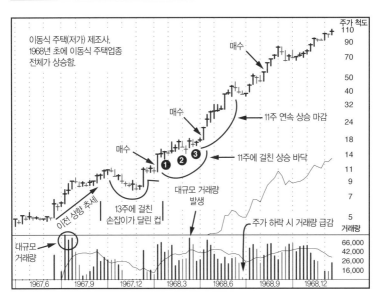

초기에 상승 바닥을 형성한 후 총 900퍼센트 상승한 레드먼의 주가.

분할 수 있다. 가령 주가가 컵의 왼쪽 부분에서 하락할 때는 1~2주 동안 거래량이 늘어나는 것은 정상이다. 그러나 대부분의 경우 주가가 하락할 때 5~6주 동안 대규모 거래량이 나타나서는 안 된다. 이는 정상적인 수준보다 매도세가 강함을 의미한다. 그래서 바닥에서 벗어날 수 있는 가능성을 줄인다.

우리는 비정상적인 거래량을 보다 쉽게 파악하기 위해 주간 거래량을 보여주는 차트 하단에 이전 3개월 동안의 주간 평균 거래량을 나타내는 선을 그린다. 이를 통해 전주보다 주가가 하락 마감하면서 거래량이 평균보다 많았던 주를 셀 수 있다. 바닥의 시작 부분(하락 마감한 첫 주)부터 주가가 상승하기 직전의 손잡이 끝부분까지 세어 보라. 그다음 그 수를 주가가 상승하면서 거래량이 평균보다 많았던 주의 수와 비교하라.

과도한 분산이나 전문투자자들의 매도를 겪지 않은 강하고 건강한 주식 중 대다수는 평균 거래량보다 많이 거래된 주에 상승한 경우가 하락한 경우보다 많아야 한다. 탁월한 주식은 상승 주가 8번인 데 반해 하락 주는 4번에 그친다. 당신이 관심을 가진 주식이 평균보다 거래량이 많은 하락 주가 7번이고 상승 주가 4번에 그친다면 문제가 있는 것으로 성과를 내지 못할 가능성이 크다.

이렇듯 간단한 방법으로 손실을 줄이고 이익을 확보하는 것은 차트를 제대로 읽지 않거나 차트 읽는 방법을 배우지 못한 일반 투자자나 주식중개인 또는 학자들을 상대로 당신이 누릴 수 있는 우위

중 하나에 불과하다. 또한 이 우위는 불신이나 순전한 무지 때문에 차트 패턴에서 거래량 누적이나 분산을 포착하는 일이 얼마나 중요한지 이해하려 들지 않는 사람들을 상대로도 누릴 수 있다. 다시 한 번 비유하자면, 차트 패턴을 무시한 채 투자에 나서는 것은 의사가 혈액검사나 엑스레이 촬영 없이 환자의 건강을 확인하려 드는 것과 같다.

성공 투자의 세 무기, 수요공급패턴·펀더멘털 그리고 차트

이제 당신은 차트 형태를 보고 간단하게 주가 패턴을 인식해내는 단계를 넘어섰다. 당신은 패턴을 주별로 해부해서 조정이 정상적이고 건강한지 아니면 비정상적이고 잘못되었는지 파악할 수 있다. 이런 분석 작업을 많이 할수록 값비싼 대가를 치러야 하는 실수를 초래하는 결함을 포착하는 일이 쉬워진다. 이는 수천 달러 이상의 가치를 지닌 일이다.

손잡이 달린 컵 패턴에서 포착하는 법을 배워야 하는 결함은 저점을 낮추는 것이 아니라 높이는 손잡이다. 우리는 이를 '밀어올림 wedging up'이라고 부른다. 밀어올리는 손잡이를 가진 패턴은 일부 성공하는 경우도 있지만, 대부분 실패한다. 손잡이의 낮은 부분에서 이뤄지는 조정의 목적은 마지막 하락을 통해 보유자들을 털어내고 컵의 바닥에서 전체 패턴의 상단으로 강하게 상승한 후 정상적인 조정과 일시적 후퇴를 거치는 것이다.

때로 손잡이는 첫 번째 주나 두 번째 주에 급격한 조정 내지 털어 내기를 거치기도 한다. 그러나 대개는 끝부분에서 털어내기를 한 다. 이후 주가가 반등하면서 거래량이 늘어나고 전환축까지 오른 후 에는 대개 강세장이 나타나 매수하기에 완벽한 때가 된다. 일부 투 자자들은 자를 가지고 전체 패턴의 시작 부분에 있는 최고점에서 아 래로 기울어진 추세선을 그린 다음 전환축을 돌파하기 직전에 약간 더 빠른 출발점을 만든다. 전문 자산관리자들은 거래량이 크게 줄었 을 때 손잡이에서 나타나는 일시적 후퇴 지점 근처에서 더 빨리 매 수에 나서기도 한다. 손잡이 구간은 1~2주 정도 횡보하면서 짧게 나 타날 수도 있고, 10주 정도에 걸쳐 길게 나타날 수도 있다. 일부의 경우, 손잡이가 없는 컵이 나타나는 경우도 있다.

전체 패턴의 하단에서 형성되는 손잡이도 조심해야 한다. 이런 경우에 해당하는지 알려면 최고점과 최저점을 파악한 후 손잡이의 중간 지점이 어디인지 확인하면 된다. 만약 손잡이의 중간 지점이 전체 변동폭의 하단에 있다면 실패하기 쉬운 약한 패턴이라고 보면 된다. 진정한 힘을 보여주기에는 바닥의 최저점에서 충분히 멀리 나 아가지 못했기 때문이다. 이처럼 주식의 움직임에서 드러나는 약점 이나 강점 및 힘을 파악하는 능력을 길러야 한다.

손잡이는 주가 측면에서 볼 때 너무 넓고 느슨하게 느껴질 수도 있다. 강세장이라면 손잡이는 대개 최고점에서 최저점에 이르는 등 락폭의 10~15퍼센트 이상 조정 받아서는 안 된다. 반면 약세장에서

막 벗어나는 중이라면 전체 시장의 과도한 마지막 하락과 변동성 때문에 20~30퍼센트에 이르는 더 폭넓은 손잡이가 형성되는 것도 괜찮다. 1998년 10월에 이런 움직임을 보인 찰스 슈왑Charles Schwab의 주가는 26개월 만에 428퍼센트 상승했다.

전체 바닥이 넓고 느슨한 경우도 있다. 이런 경우를 파악하는 방법은 세 가지가 있다. 앞서 개별 주식의 조정폭이 전체 시장 지수 조정폭의 2.5배 이상이어서는 안 된다는 점을 지적했다. 두 번째로 패턴의 최고점에서 최저점에 이르는 조정폭을 측정할 수 있다. 60퍼센트 정도의 조정은 대개 너무 넓다고 판단한다. 이 경우는 주가가 너무 많이 내리고 오른 것이다. 강세장의 경우, 25~35퍼센트 정도의 조정이 적당하다.

바닥이 너무 넓고 느슨한지 판단하는 세 번째 방법은 각 주의 주가 변동에서 최고점과 최고점의 간격을 보는 것이다. 가령 전체적으로 50달러에서 30달러까지 조정 받은 주식이 첫 번째 주에는 42달러(8포인트 간격)로 떨어졌다가 다음 주에는 7달러 오르고, 그다음 주에는 9달러 떨어졌다. 이처럼 큰 등락이 바닥 전체에 걸쳐 매주 나타난다면 이 주식은 움직임이 너무 활발하고 변덕이 심하다고 판단하면 된다. 딱히 휴식기라고 할 만한 부분이 없다. 대중이 보기에도 과도한 면이 있다. 주가 움직임이 활발하다 보니 당연히 많은 관심이 쏠린다. 이 경우 투자자들의 관심이 멀어지도록 적당한 시기에 조정이 이뤄질 필요가 있다.

실제로 정상적인 패턴에선 몇 주 동안 큰 변동이 계속 이어지지 않는다. 오히려 작고 조밀한 움직임만 보인다. 가령 어떤 주식이 40달러에서 46달러까지 컵의 바닥에서 상승했다. 그다음 46달러 부근인 45달러와 46.5달러 사이를 3주 동안 횡보하면서 크게 변동 없는 상태로 매주 마감했다. 이런 주식은 별다른 움직임을 보이지 않기 때문에 크게 눈에 띄지 않는다. 그러나 이는 자는 척하는 것일 수도 있다. 이런 움직임은 대개 손잡이 끝 부근에서 나타난다. 거래량이 급감하는 가운데 미미한 주가 변동이 계속되다가 누구도 관심을 기울이지 않을 때 성격을 완전히 바꾸고 갑자기 대규모 거래량을 동반하면서 상승한다.

소수의 탁월한 선도 종목이 적절한 바닥에서 벗어난 후 2~4주 동안 이런 움직임을 보이기도 한다. 이러는 동안 뮤추얼펀드들은 여전히 매집 중일 수도 있다. 그래서 주가가 3주 연속 크게 변하지 않는 가운데 조밀한 폭에서 마감할 수 있다. 이런 유형을 보여주는 역사적 사례로는 1965년 11월에 나타난 시먼스 프리시즌의 주가 변동, 1966년 12월에 나타난 모노그램 인더스트리즈의 주가 변동, 1982년 3월(상장 직후)에 나타난 홈 디포의 주가 변동, 1982년 9월에 나타난 에뮬렉스Emulex의 주가 변동, 1990년 3월에 나타난 암젠Amgen의 주가 변동, 1995년 1월에 나타난 마이크론의 주가 변동, 1999년 10월에 나타난 오라클의 주가 변동이 있다.

모든 사람이 명확하게 파악할 수 있는 패턴은 시장에서 잘 통하

사이오콜 케미컬 주간 차트

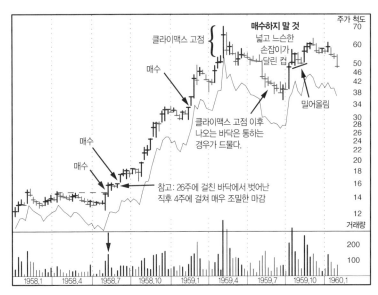

1958년에 바닥에서 벗어난 후 4주에 걸쳐 조밀한 마감을 보인 사이오콜 주가.

레비츠 퍼니처 주간 차트

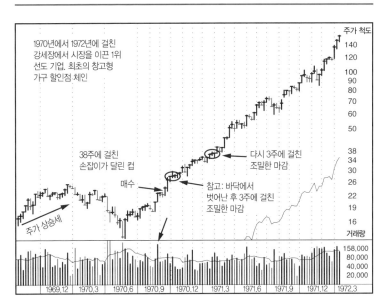

1970년 바닥에서 벗어난 후 3주에 걸쳐 조밀한 마감을 보인 레비츠 퍼니처 주가.

홈 디포 주간 차트

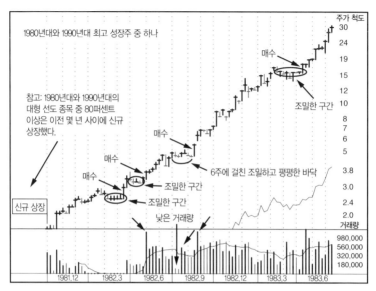

상장 후 조밀한 구간이 많이 나타난 홈 디포 주가

에뮬렉스 주간 차트

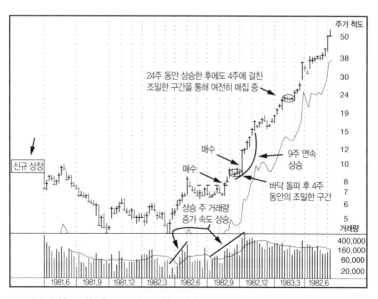

1982년에 바닥을 돌파한 후 4주 동안 조밀한 구간이 나타난 에뮬렉스 주가.

암젠 주간 차트

1위의 생명공학 제약사

매수

8주에 걸친 컵

매수

매수

매수

바닥 돌파 후 4주
동안의 조밀한 구간

상단에서 털어내기 마감

S&P500 대비 상대강도선

주가 척도
70
60
50
38
30
26
22
17
15
13
11
9
7

거래량
28,000,000
21,000,000
14,000,000
7,000,000

1989.12 | 1990.3 | 1990.6 | 1990.9 | 1990.12 | 1991.3 | 1991.6 | 1991.9 | 1991.12 | 1992.3

1990년에 바닥을 돌파한 후 4주 동안 조밀한 구간이 나온 암젠의 주가.

어센드 커뮤니케이션스 주간 차트

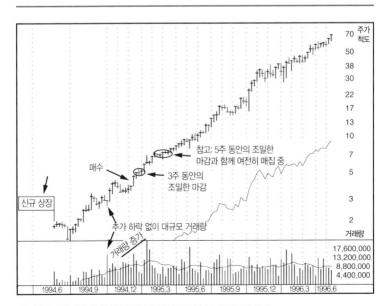

참고: 5주 동안의 조밀한
마감과 함께 여전히 매집 중

3주 동안의
조밀한 마감

매수

신규 상장

추가 하락 없이 대규모 거래량

거래량 증가

주가
척도
70
50
38
30
22
17
13
10
7
5
3
2

거래량
17,600,000
13,200,000
8,800,000
4,400,000

1994.6 | 1994.9 | 1994.12 | 1995.3 | 1995.6 | 1995.9 | 1995.12 | 1996.3 | 1996.6

1995년에 대폭 상승한 후 5주 동안 조밀한 구간이 나온 어센드의 주가.

지 않는다. 성공하는 패턴은 대다수 투자자에게 명백하게 드러나지 않는다. 명심하라. 시장은 대다수 투자자의 생각과 반대로 움직이는 경향이 있다. 또한 조밀한 차트 패턴은 언제나 주목할 만한 가치가 있다. 기관투자자나 전문투자자들이 여러 주에 걸쳐 특정 가격대에서 주식을 대량 매집하는 중일 수도 있음을 가리키기 때문이다.

쌍바닥 패턴도 잘못된 신호를 나타낼 수 있다. 가령 W의 중간 지점이 신고점까지 올라가는 경우에는 대부분 견실하지 않다. 적절한 쌍바닥 패턴은 W의 중간 지점이 전고점 이전에 멈춘다.

어떤 패턴이 특정한 형태가 되는 이유나 어떤 주식이 어떤 날에는 강세를 보였다가 다른 날에는 약세를 보이는 이유를 이해하는 것은 중요하지 않다. 많은 경우, 그 이유를 정확히 알아내기도 어렵다. 설령 그 이유를 알아냈다고 생각하더라도 실상은 완전히 다를 수 있다. 중요한 것은 오직 패턴이 강한지 약한지 또는 정상적인지 비정상적인지 파악하는 것이다. 결코 모든 답을 알 수는 없다. 그리고 굳이 모두 알아내려고 애쓸 가치도 없다.

주식은 때로 단지 시장 전체가 일시적인 악재에 대한 대응으로 2~3일 급락하는 바람에 하락세를 보이기도 한다. 이때 손잡이가 달린 컵 패턴을 만든 주식은 손잡이의 저점보다 주가가 내려가면서 큰 털어내기가 나타날 수 있다. 그러나 며칠 후 시장이 반등하고 해당 주식에 진정한 후원 세력이 있다면 컵 패턴에서 벗어나 대규모 거래량을 수반하며 신고점까지 오를 것이다.

대부분의 투자자가 차트를 전혀 공부하지 않는다. 또한 차트를 공부한 소수의 사람 중 많은 이가 차트를 일종의 위저 보드^{Ouija} ^{board}(심령체험을 위한 도구로 쓰는 판- 옮긴이) 같은 주술적 기법이라고 생각한다. 그러나 대중이 가진 시장에 대한 믿음은 완전히 잘못된 경우가 대부분이다. 유용한 수단은 당연히 모두에게 명백하게 드러나지 않는다. 유능하고 능숙한 차트 분석은 그런 수단 중 하나다. 차트 분석 능력은 일종의 기술로, 다른 모든 기술처럼 습득하는 데 약간의 인내와 끈기를 필요로 한다. 그래도 습득할 만한 가치는 충분하다. 사실 펀더멘털 측면을 조사하는 것과 함께 차트를 활용하지 않는 사람은 시장에서 불리할 수밖에 없으며, 당연히 큰돈을 잃을 가능성도 높아지게 마련이다.

대부분의 전문투자자들 또는 적어도 최고의 전문투자자들은 차트가 보여주는 수요공급 패턴과 특성을 세심하게 분석한 다음 기업의 펀더멘털에 대해 알고 있는 내용과 더불어 차트 분석 결과를 토대로 투자 결정을 내린다. 최고의 수익률을 올리는 전문투자자들은 강한 펀더멘털과 주가 변동에 대해 알게 된 팩트들을 최대한 활용한다. 대부분의 경우 펀더멘털만으로는 시장 선도 기업이 언제 고점을 찍을지 알 수 없다. 반면 비정상적인 주가 및 거래량 변동을 잘 관찰하면 그 시기를 알 수 있다.

4단계

주식을
처분하고
수익을
실현해야
할 때

The
Successful
Investor

큰돈을 벌려면 좋은 머리보다 무거운 엉덩이가 필요하다

시장이 전반적으로 어디로 가고 있는지 파악하는 법, 3 대 1 손익 계획을 실행하는 법, 적기에 최고의 주식을 고르고 매수하는 법을 알았으니 성공 투자자가 되는 길을 절반 이상 지난 셈이다. 그러나 수치상으로 이익을 내는 것과 그것을 지키는 것은 전혀 다른 문제다. 나는 이 사실을 잘 안다. 40여 년 전인 1961년 강세장에서 뼈아픈 교훈과 함께 배웠기 때문이다.

당시 내가 보유하던 종목 중 대여섯 종목이 대박주가 되었다. 거기에는 전 오클라호마 주지사인 밥 커**Bob Kerr**와 석유 채굴 사업가인 딘 맥기**Dean McGee**가 설립한 석유 및 우라늄 채굴업체 커 맥기 오일 **Kerr McGee Oil**과 에어로졸 캔 개발업체인 크라운 코크 앤드 실**Crown Cork & Seal**, 자동 핀 설치기로 볼링 열풍을 일으킨 AMF**Brunswick Corp. and American Machine & Foundry**가 포함되어 있었다. 이들 주식의 주가가 상승하는 동안 피라미드 매수 또는 추가 매수를 했기 때문에 각 종목의 보유량은 상당했다. 그러나 결국에는 모두 고점을 찍고 크게 하락하는 바람에 그때까지 쌓았던 수익이 모두 사라지고 말았다.

다행히 나는 심각한 손실을 입기 전에 매도하기 시작해 이내 발을 뺐다. 그러나 시장 전체의 움직임과 내가 선정한 종목의 상승세를 정확하게 전망했기에 겨우 본전으로 그해를 마감한 것에 너무나 화가 났다. 헛된 노력만 기울였을 뿐, 전혀 이익을 내지 못했기 때문이다. 나는 도대체 무엇을 잘못한 것인지 파악하려고 애썼다. 헛된 노력만 기울였을 뿐 돈을 벌지 못한 이유를 찾고 싶었다.

그리고 나는 마침내 잔인한 진실을 알아냈다. 나는 주식을 처분해야 할 때가 언제인지 전혀 모르고 있었다. 나는 그저 좋아 보인다는 이유로 주식을 사고, 오르고 있어서 추가 매수한 다음 잔뜩 부푼 배를 안고 흡족해하며 멍청하게 뒤로 물러나 앉아 있었다. 나는 대다수 시장 선도 종목이 언젠가는 고점을 찍고 내려오면서 투자자가 미처 깨닫기도 전에 대부분의 수익을 날려버린다는 사실을 제대로 알지 못했다.

나는 몇 주에 걸쳐 내가 과거에 저지른 모든 실수를 분석하고 주가 변동을 꼼꼼하게 연구했다. 그 결과, 적절한 바닥에서 벗어난 많은 주식이 20~25퍼센트 상승한 후 조정 받는다는 사실을 발견했다. 또한 견실한 주식이라면 조정 받을 때 또 다른 바닥을 형성한 후 다시 25~30퍼센트 상승한다는 사실도 확인했다. 그래서 나는 20~25퍼센트 정도 수익이 나고 주가가 계속 상승할 때 대부분의 수익을 실현하고, 7~8퍼센트 하락했을 때 무조건 손절한다는 원칙을 세우고 이를 지키고 있다.

새로운 강세장이 시작되고 나서 다음 약세장의 바닥에 이르기까지 완전한 시장 주기를 거치는 동안 당신이 추구해야 할 진정한 목표는 최대한 많은 수익을 실현하는 것이다. 그러나 대다수 투자자가 너무 많은 수익의 기회를 놓쳐버린다. 수익을 모두 날리는 것으로도 모자라 손실까지 떠안는 투자자도 많다. 이 챕터를 여러 번 읽으면 역사적으로 검증된 매도 규칙을 능숙하게 실천할 수 있게 돼 미래의 강세장에서 얻을 대부분의 수익을 놓치지 않을 수 있을 것이다. 우리는 과거 시장에서 저지른 모든 실수에서 긍정적인 교훈을 얻어 이를 바탕으로 앞으로 이득을 볼 수 있도록 노력해야 한다.

내가 아는 유일한 수익 실현 방법은 주식이 양호한 상태로 여전히 상승하고 있을 때 매도하는 것이다. 2장에서 설명한 대로 많은 경우 20~25퍼센트 올랐을 때 수익을 실현하고 7~8퍼센트 하락했을 때 손절하면 좋은 성과를 낼 수 있다. 이 시스템을 따르면 두세 번 연속으로 25퍼센트의 수익을 올릴 수도 있다. 세 번 연속 25퍼센트의 수익을 올리면 돈이 거의 2배(한도까지 신용매수했다면 3배)로 불어난다.

앞서 많은 경우 20~25퍼센트 수익이 났을 때 수익을 실현하라고 말한 점에 주목하라. 내가 지금까지 계속 따르고 있는 핵심적인 예외가 있다. 강한 강세장이고, 막 매수한 주식의 당기 및 3년 이익과 매출 성장세가 아주 좋고, 자기자본이익률이 높고, 양질의 기관들이 보유하고 있고, 강한 산업군의 선도 기업이고, 견실하고 적절한 바닥에서 벗어난 지 1주나 2주 또는 3주 만에 대규모 거래량을 동반한 채 20퍼센트 급등했다면 따로 분류해서 돌파 매수점에서 적어도 8주 정도는 더 보유해야 한다.

지금까지 주가 변동 양상을 연구한 바에 따르면, 초기에 로켓처럼 강한 추진력을 발휘한 주식은 대박주가 될 잠재력을 지니고 있다고 보면 된다. 이런 주식은 앞서 말한 8주 동안 어려움을 겪지 않을 뿐 아니라 8주가 지났을 때 20퍼센트나 25퍼센트보다 훨씬 더 상승해서 때로는 50퍼센트나 60퍼센트 또는 80퍼센트까지 상승하는 양상을 보이기도 한다.

이 시점에 상황을 검토해 수익을 실현할 것인지 계속 보유하면서 더 큰 수익을 노릴 것인지 결정해야 한다. 다만 계속 보유하려면 과거 우월했던 선도 종목들의 실제 역사를 토대로 만들어진, 지침이 될 만한 추가적인 규칙이나 원칙을 적용할 수 있어야 한다. 가령 한 달이나 두 달 더 보유할지, 15~20퍼센트 정도 조정 받을 때까지 보유할지, 주가가 10주 이동평균선 위에서 또는 그 선이나 약간 아래에서 지지되는 한 계속 보유할지 결정해야 한다. 추가로 나타날 급등에 따른 수익을 대부분 확보하는 데 도움이 되는 것이라면 무엇이든 좋다. 1차 바닥을 돌파하는 데 따른 주가수익비율 증가치나 1년 내지 2년 후의 이익 추정치를 토대로 목표 주가를 설정할 수도 있다. 실제로 이런 방식은 내가 대부분의 대박주가 해당 종목이 잠재력을 발휘하도록 충분히 오래 보유하면서 상승세의 끝이 가까워졌을 때 빠져나오도록 하는 데 큰 도움을 주었다. 제시 리버모어^{Jesse} ^{Livermore}가 말한 대로 큰돈을 벌려면 머리가 빨리 돌기보다는 엉덩이가 무거워야 한다.

과거에 시장 주기를 선도한 종목들의 차트를 훑어보다 보면 현재당신이 보유한 종목과 비슷한 움직임을 보이는 종목을 찾을 수 있을것이다. 이런 차트를 전례 내지 지침으로 삼아 조정이 정상적인 수준인 한 계속 보유할지 여부를 판단하는 데 도움을 받을 수 있다. 내경우, 1998년 10월 마지막 주에 AOL^{America Online}을 60달러에 매수했을 때가 그랬다. 당시 이 종목은 손잡이 달린 컵 패턴을 따르며 상승세를 보이고 있었다. 구체적으로 말하자면, 3주 만에 25퍼센트나 올랐다. 한편 다우지수는 막 팔로 스루 하면서 새로운 상승세가 시작되려 하고 있었다. 이런 상황에서 AOL은 전반적인 시장의 반전을이끌 선도 종목으로 충분히 역할할 것처럼 보였다.

이보다 33년 전인 1965년 7월에 나는 베트남전이 발발한 동안 전자기기 수요가 늘어나면서 수혜를 본 반도체 부문의 선도업체인 페어차일드 카메라 앤드 인스트루먼트^{Fairchild Camera and Instrument}를 매수했다. 매수 가격은 주당 50달러였다. 당시는 주식시장 전체가 대규모 팔로 스루 한 직후에 이 종목에서도 손잡이가 달린 컵 패턴에서돌파가 나오려던 참이었다. 실제로 이 회사의 주가는 이후 3주 동안

25퍼센트, 5주 동안 50퍼센트 상승했다. 그러다가 1주 동안 대규모 매도 물량이 나오면서 무서운 털어내기가 이뤄졌다. 그러나 그다음에는 6개월에 걸쳐 70달러에서 215달러까지 주가가 3배나 뛰었다.

AOL도 정확히 같은 양상으로 움직였다. 우선 3주 만에 25퍼센트, 5주 만에 50퍼센트 주가가 상승했다. 그다음 공포스러울 만큼 매도 물량이 쏟아지면서 1주 동안 추세가 깨졌다. 하지만 나는 페어차일드의 과거 차트를 참고한 덕분에 대규모 매도를 동반한 털어내기에 속지 않을 수 있었다. 과거의 사례와 비교해볼 때 이는 충분히 정상적인 진행이었기 때문이다. 실제로 AOL은 금세 주가가 회복되었을 뿐 아니라 거기서부터 3배 넘게 상승하는 모습을 보였다. 나는 1999년 4월 초 클라이맥스 고점에 이르기까지 450퍼센트에 이르는 상승을 기록하고 나서야 마침내 AOL 주식을 처분했다. 당신도 역사에서 배울 수 있다. 인간의 본성은 변하지 않는다. 사실 사람들이 생각하는 것만큼 시장에는 새로운 것이 없다.

블로 오프, 모두가 흥분했을 때 버블은 터진다

AOL이 이룬 엄청난 상승세의 마지막 구간은 9주에 걸쳐 상승 바닥 패턴을 형성한 후 나타났다. 이 패턴은 항공 부문 대기업인 보잉이 1954년 2분기에, 그리고 레드먼 인더스트리즈가 1968년 1분기부터 이동식 주택업종이 크게 성장할 때 형성한 상승 바닥 패턴과 거의 동일한 모습이다. 나는 1968년 1분기에 전체 시장이 중기 조정(8~10퍼센트)을 받을 때 레드먼 주식의 털어내기에 속아서 나중에 670퍼센트나 오르는 모습을 고스란히 지켜봐야만 했다. 나는 엄청나게 값비싼 대가를 치르고 얻은 이 교훈을 똑똑히 기억했다. 그래서 AOL이 상승 바닥 패턴을 형성하는 동안 3번 일시적 후퇴가 나타나도 이 종목을 계속 보유하고 있었다. 이전 장의 마지막 부분에 실려 있는 AOL의 차트와 레드먼 및 보잉의 차트를 보고 상승 바닥 패턴을 비교해보라.

게다가 AOL의 클라이맥스 고점 상승은 교과서적 모습으로, 내가 쓴 《주식으로 돈 버는 법》 1판과 2판에서 자세히 설명한 과거의 클라이맥스 고점과 완전히 똑같은 모습을 보여주었다. 즉, 상승 바닥 패턴을 토대로 5주 만에 주가가 거의 2배나 뛰었고, 고점을 찍기 2일 전에 소멸 갭exhaustion gap을 만들었으며, 마지막 날 전날에 16포인트 급등했다.

나는 AOL 주식을 규칙에 따라 엄격하게 매수했고, 보유했으며, 여전히 상승세를 보이고 있을 때 매도했다. 이 과정에서 나의 개인적 의견은 전혀 고려하지 않았다. 첫 매수점에서 AOL의 주가수익비율은 158이었다. 반면 고점에서의 주가수익비율은 532였다. 나는 오래전에 과거의 모든 대박주를 분석하면서 주가수익비율이 단순한 상승의 원인이 아니라 진정한 원인의 최종 효과라는 사실을 깨닫게 되었다. 그 진정한 원인은 탁월한 실적과 기관의 후원이다. 대부분의 미디어 저널리스트, 애널리스트, 가치투자자들은 셰보레를 살

AOL 주간 차트

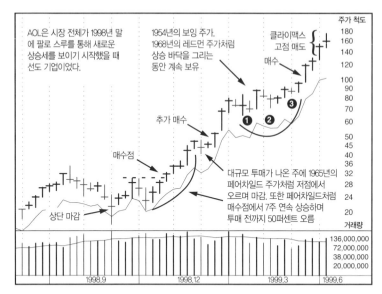

AOL은 시장 전체가 1998년 말에 팔로 스루를 통해 새로운 상승세를 보이기 시작했을 때 선도 기업이었다.

1954년의 보잉 주가. 1968년의 레드먼 주가처럼 상승 바닥을 그리는 동안 계속 보유

클라이맥스 고점 매도

매수

추가 매수

매수점

상단 마감

대규모 투매가 나온 주에 1965년의 페어차일드 주가처럼 저점에서 오르며 마감. 또한 페어차일드처럼 매수점에서 7주 연속 상승하며 투매 전까지 50퍼센트 오름

주가 척도
180
160
140
120
100
90
80
70
60
50
45
40
36
32
28
24
20

거래량
136,000,000
72,000,000
38,000,000
20,000,000

1998.9 1998.12 1999.3 1999.6

1965년의 페어차일드 주가와 1954년의 보잉 주가 패턴을 뒤따르는 AOL의 주가.

페어차일드 카메라 주간 차트

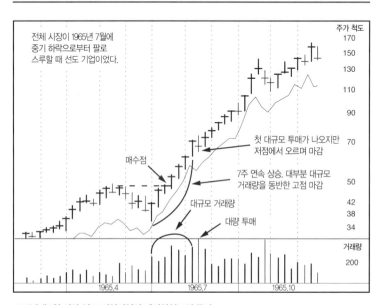

전체 시장이 1965년 7월에 중기 하락으로부터 팔로 스루할 때 선도 기업이었다.

매수점

대규모 거래량

첫 대규모 투매가 나오지만 저점에서 오르며 마감

7주 연속 상승. 대부분 대규모 거래량을 동반한 고점 마감

대량 투매

주가 척도
170
150
130
110
90
70
50
42
38
34

거래량
200

1965.4 1965.7 1965.10

1965년에 1위 시장 선도 기업이었던 페어차일드의 주가.

돈으로 벤츠를 살 수는 없다는 사실을 이해하지 못해서 정말로 좋은 기업들을 놓친다. 주식은 프로선수 같다. 정상급 선수의 몸값은 당연히 비싸기 마련이다.

'20퍼센트에서 25퍼센트 상승 후 매도' 규칙에 중대한 예외 조항을 두면 1루타나 2루타를 자주 칠 수 있을 뿐 아니라 가끔 홈런도 칠 수도 있다. 이 경우, 캔 슬림 시스템은 100퍼센트나 200퍼센트, 심지어 그 이상의 수익을 안겨주기도 했다. 그러니 당신이 보유한 종목이 시장에서 명백히 최고의 상승률을 기록하고 있다면 클라이맥스 고점을 찍을 때까지 보유하는 것도 시도해볼 만하다. 참고로 시장 선도 종목 5개 중 4개는 대개 클라이맥스 고점을 찍으며 상승세를 마감하는 모습을 보인다.

클라이맥스 고점을 찍을 때 몇 달 동안 상승한 선도 종목은 갑자기 급등하면서 전체 시장이 상승세를 보이기 시작한 이후 다른 어떤 주보다 더 빨리 오르는 모습을 보이기도 한다. 주간 차트를 보면 거의 모든 사례에서 해당 주의 최저점에서 최고점에 이르는 간격이 그때까지 나온 다른 주들의 간격보다 넓은 것을 알 수 있다.

차트를 활용하지 않는다면 (이는 내가 보기에는 분명 실수이지만) 매일 주가 변화를 참고하는 방법으로 클라이맥스 고점을 파악할 수 있다. 많은 경우, 클라이맥스 고점을 찍을 때는 10일 중 7~8일 동안 연속 상승하며, 그중 하루는 원래 바닥에서 벗어난 후 가장 큰 폭의 상승세를 보일 것이다. 가령 여러 달 동안 상승했지만 하루에 8포인트

아마존닷컴 일간 차트

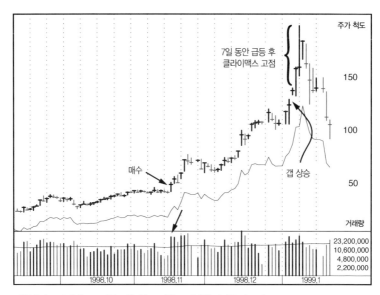

전형적인 클라이맥스 고점을 찍은 후 95퍼센트 하락한 아마존의 주가.

찰스 슈왑 일간 차트

클라이맥스 고점까지 급등한 찰스 슈왑의 주가.

AOL 일간 차트

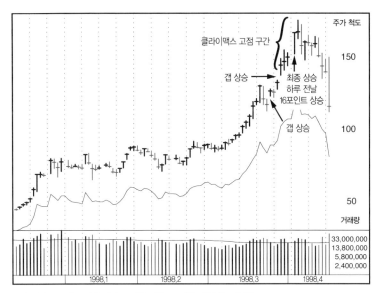

클라이맥스 고점 구간을 지나 고점을 찍은 또 다른 대형 선도 종목.

이상 오른 적 없던 주식이 12포인트 급등하는 식이다. 이런 일이 일어나는 동시에 앞서 언급한 다른 여러 특징들이 나타난다면 며칠 후 궁극적인 고점을 찍을 것이라 예상해볼 수 있다. 이런 면에서 일간 차트 및 주간 차트는 아주 쉽게 당신의 주식을 보다 효율적으로 파악하고 관찰하게 해준다.

이 같은 고점은 '블로 오프 고점blow-off top, 혹은 클라이맥스 고점 Climax top이라고 한다. 어떻게 부르든 간에 모두 다시 2배 정도 뛸 것으로 보고 사람들이 특정 주식을 사려고 몰려드는 것 같은 상황을 말한다. 그러나 모든 트레이더가 흥분해서 몰려드는 바로 이 시점에 버블이 터져버린다.

AOL의 사례에서 언급한 대로, 클라이맥스 고점의 마지막 징후는 몇 달 동안 상승한 급등주가 소위 소멸 갭으로 장을 시작하는 것이다. 가령 전날 70달러에 마감했는데 다음 날 아침 중간에 일반적으로 메꾸는 구간 없이 75달러로 시작하는 식이다. 이는 상승세가 막바지에 이르렀다는 뜻으로, 매도해야 한다는 신호다. 하루나 이틀 후에 고점이 나올 것이기 때문이다.

이런 신호가 나타나면 주저하지 말아야 한다. 아직 주가가 오르

퀄컴 일간 차트

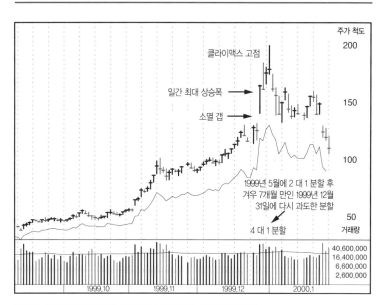

퀄컴은 15일 만에 100퍼센트 상승하며 클라이맥스 고점을 기록했다.

는 중이어서 아주 강력해 보이더라도 매도해야 한다. 일단 고점을 찍으면 급락할 수 있기 때문이다. 짧게는 이틀 만에 최종 상승분이 대부분 되돌려지기도 한다.

이런 사실을 잘 알고 있더라도 실제로 방아쇠를 당기기는 쉽지 않은 일이다. 주위에서는 모두가 "와! 이 주식 좀 봐. 엄청나!"라고 말하며 뛰어다닌다. 실제로 상승세도 엄청나다. 15개월 만에 20배나 뛴 휴대폰 부문의 선도 기업 퀄컴의 경우 1999년 12월 말과 2000년 1월 초에 블로 오프 구간을 지날 때 마지막 3주 동안 100달러에서 200달러로 2배나 급등했다. 이 주식 역시 고점을 찍기 겨우 3일 전에 소멸 갭으로 장을 연 후 하루에 39포인트라는 믿을 수 없는 상승으로 마감했다.

이런 시기에 여러 증권사에서 앞다퉈 매수 의견을 내놓는 것도 매도 결정을 내리는 것을 더욱 어렵게 만든다. 증권사들은 분위기에 휩쓸리고 마지막 급등에 강한 인상을 받은 나머지 이익 추정치와 주가 목표치를 올려버린다. 실제로 찰스 슈왑이 1999년 4월에 클라이맥스 구간의 고점인 150달러를 찍었을 때 월가의 여러 유명 증권사들이 이런 모습을 보였다. 그러나 클라이맥스 고점을 한두 번 겪어보면 이런 상황에서 증권사들보다 더욱 효과적으로 대처하게 될 것이다. 모두가 어떤 종목이 너무나 좋다고 말하며 돌아다닐 때, 매수할 여력이 있는 사람은 모두가 해당 종목을 이미 보유하고 있을 때 앞으로 주가가 나아갈 방향은 아래쪽뿐이다. 모두에게 명백하고 모두가 흥분한 때는 이미 늦었다는 것을 알아야 한다. 군중심리는 올바로 예측하는 것이 가장 중요한 결정적인 시장의 전환점에서 언제나 틀리기 일쑤다.

주가수익비율 상승세로 시장의 잠재적 고점을 잡아내라

좋은 주식의 잠재적 고점을 잡아내는 또 다른 방법은 주가수익비율이 얼마나 올랐는지 파악하는 것이다. 모든 성장 척도를 충족시키는 선도 종목의 주가수익비율은 전체적인 상승세가 시작되기 전보

찰스 슈왑 주간 차트

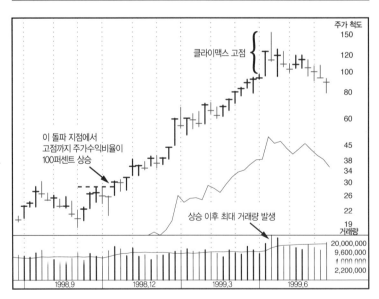

찰스 슈왑의 주간 차트로 본 클라이맥스 고점과 소멸 갭의 진행.

다 100퍼센트 넘게 오르기도 한다. 가령 어떤 주식이 50달러에서 견실한 첫 바닥을 벗어나 150달러까지 올랐다고 치자. 또한 50달러가 당기 연이익의 40배 정도라고 치자. 이때 150달러가 연이익의 95배(또는 초기 주가수익비율인 40의 138퍼센트)라면 시간이 얼마 남지 않았다는 또 다른 신호일 수 있다.

이런 경고 신호는 보다 큰 수익을 내기 위해 계속 보유해야 할 종목에 적용하는 8주 후 매도 규칙에도 참고할 수 있다. 어떤 주식은 두 가지 이상의 신호가 발동된 후 고점을 찍는다. 가령 클라이맥스 구간과 소멸 갭이 나오는 동시에 주가수익비율이 처음보다 120~130퍼센트 오르는 식이다. 예시한 찰스 슈왑의 차트에서 바로 이와 같은 일이 일어났다.

이런 블로 오프를 몇 번 보고 나면 같은 과정이 계속 반복되는 것에 감탄하게 된다. 이번에는 찰스 슈왑이, 다음에는 다른 주식이 그 대상이 될 수 있다. 20세기 내내 모든 주식시장에서, 그리고 모든 경기 순환에서 대형 펀드와 전문투자자 풀pool은 당대 최고의 성장주를 좇아서 주가를 급등시키고, 결국에는 주가수익비율을 누구도 정당화할 수 없는 수준까지 밀어올렸다. 이는 인간의 본성에 따르다 보니 역사가 반복된다는 사실을 보여주는 증거이기도 하다. 진정한 문제는 당신이 역사로부터 배우기 위해 공부할 의지가 있느냐 하는 것이다. 이런 공부가 너무 벅차게 느껴지는가? 당신 또는 당신의 투자상담사가 과거에 저지른 실수를 계속 반복하는 것이 훨씬 편해 보이는가?

채널 라인으로 상승세의 끝을 포착하라

시장 선도 종목이 보여주는 오랜 상승세의 끝을 포착할 수 있는 또 다른 방법은 소위 채널 라인channel line을 활용하는 것이다. 우선 일간 차트든 주간 차트든 차트를 보고 일시적 후퇴 구간의 최저점을 따라 3개의 주요 저점을 잇는 우상향 직선을 그려라. 그다음에는 상단을 따라 3개의 주요 고점을 잇는 두 번째 직선을 그려라. 그러고 나서 해당 주식이 첫 번째 바닥에서 벗어난 이후 주요 지점들을 골라내라. 주요 추세를 포착할 수 있도록 각 지점 사이에는 몇 주가 아

마이크론 테크놀로지 주가 차트

주가가 상단 채널 라인 위로 올라갈 때 매도하라.

니라 몇 달 간격을 둬라. 이렇게 해서 그린 선은 정확하게 평행은 아니지만 거의 평행일 것이다.

만약 주가가 상단 채널 라인을 지나고 있다면, 가령 50달러에서 채널 라인을 지나고 최대 51달러나 52달러까지 오른다면 고점에 다다랐을 가능성이 75~80퍼센트 정도이므로 매도해도 된다. 장중 한 번만 관통해도 충분하다. 관통하는 순간 매도하라. 관통한 이후 무슨 일이 벌어질지 기다리지 마라. 그렇다고 해서 너무 성급해서도 안 된다. 아직 상승세가 남아 있는 주식은 상단 채널 라인을 관통하는 것이 아니라 거기에 부딪혀서 다시 내려오는 경우가 많다. 그러다가 몇 주 후에 다시 오르면서 채널 안에 머문다.

상승 도중 나타나는 1, 2차 바닥은 훌륭한 매수 신호다

좋은 주식 아래 있는 얼음이 얇아지고 있음을 파악할 수 있는 또 다른 방법은 상승하는 도중에 형성되는 저점을 관찰하는 것이다. 앞서 말한 대로 새로운 강세장은 언제나 수십 개의 새로운 선도 종목을 낳기 마련인데, 그중 최고 종목들은 언제나 강력한 상승세를 보인 후 첫 바닥을 형성한다. 그런 다음 이 바닥에서 벗어나면서 20~25퍼센트 이상 상승한 후 조정 받는다. 그다음 2차 바닥을 만들고, 다시 거기서 벗어나 20~25퍼센트 이상 상승한다. 그리고 나서도 펀더멘털이 여전히 건강하다면 일부는 3차 바닥을 만든 후 다시 거기서 벗어난다.

1차 바닥 돌파는 적절하고 정확한 형태로 이뤄질 경우, 새로운 강세장에서 거의 언제나 통한다. 모두가 그 사실을 관찰하거나 믿는 것은 아니어서 해당 주식을 매수하거나, 심지어 그 존재를 아는 투자자가 적기 때문이다. 해당 기업은 불과 몇 년 전에 상장한 새로운 기업일 수도 있다. 2차 바닥이 건실하게 형성되면 약간 더 많은 사람이 이를 알아볼 것이다. 그러나 대개 돌파를 크게 위협할 만큼 매수자가 충분하지는 않을 것이다. 너무 많은 사람이 알아보거나 형태에 문제가 있으면 당연히 실패할 수도 있다.

AOL 주간 차트

단계별로 여러 개의 바닥을 형성한 AOL의 주가.

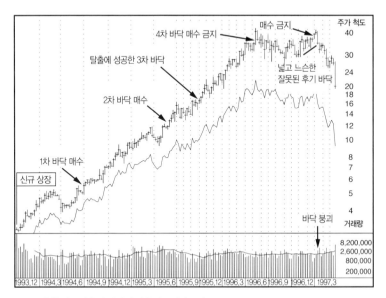

넓고 느슨한 잘못된 후기 바닥이 나온 가트너의 주가.

3차 바닥이 형성될 무렵에는 대다수 스마트 머니^{smart money}가 해당

주식을 알게 될 뿐 아니라 그 행동 양상에 익숙해진다. 그래서 많은

이가 해당 주식을 보유하고 있으며, 특히 일찍 투자한 사람들을 비

롯한 일부는 다음 돌파나 상승을 기다리는 사람들에게 매도할 것을

이미 고려하고 있을 수도 있다. 이런 잠재적 매도세는 3차 바닥 돌

파가 성공할 가능성을 줄인다. 만약 돌파에 성공해서 주가가 상승한

후 4차 바닥을 만든다면 주의해야 한다. 4차 바닥까지 만든 주식은

대부분 돌파에 실패한다. 이 무렵이 되면 모두에게 명백히 드러나기 때문이다. 앞서 말한 대로 주식시장에서 대중에게 명백한 것은 통하는 경우가 드물다.

차트를 한 번도 활용해본 적이 없거나 지식이 부족해서 차트를 무시하는 투자자들이 시장에서 얼마나 불리한 위치에 있는지 생각해보라. 그들은 몇 차 바닥에서 매매해야 하는지 알지 못하며, 심지어 후기 바닥이 형성되었다는 사실과 그 사실을 인지하는 것이 왜 중요한지 그 이유를 전혀 모른다. 이는 아무런 계획을 세우지 않고 지도나 보조 타이어, 휴대폰도 없이 장기간 국토 횡단 여행을 떠나는 것과 같다. 우리는 1972년 투자자들이 종목을 선정하고 매매 타이밍을 결정하는 데 도움을 주기 위해 데일리 그래프Daily Graphs®와 온라인 차트 분석 도구인 데일리 그래프 온라인Daily Graphs Online®을 만들었다.

요컨대 여러 개의 바닥을 형성했고, 4차 바닥에서 탈출한 주식을 보유하고 있다면 매도를 고려해야 한다. 4차 바닥에서 탈출하려는 주식을 매수할 계획이라면 재고하길 바란다. 이 투자법을 습득한 진정한 프로 투자자는 4차 바닥에서 탈출하는 주식은 절대 사지 않는다. 해당 주식이 5~10퍼센트 상승해서 시장에 대해 잘 모르는 투자자들을 끌어들일 수도 있다. 그러나 곧 아주 빠르게 무너지면서 급락해 바닥이 저점을 깰 것이다. 그래서 결국 이렇게 무모하게 뛰어든 거의 모든 사람이 갑작스러운 붕괴에 큰 손실을 입고 털려 나오게 된다.

차트에 나타나는 바닥 형태에 익숙해지면 시장 선도 종목이 상승함에 따라 각각의 바닥이 조금 더 넓고 느슨해지며, 4차 바닥은 너무나 엉성해서 이전에 정확하게 형성된 바닥보다 눈에 띄는 결함이나 결점이 많다는 사실을 알게 될 것이다.

이런 디테일은 중요하다. 성공 투자를 하는 IBD 구독자들은 우리 자료를 여러 번 반복해서 읽는다. 그들은 반복을 통해 중요한 디테일을 정확히 숙지하고 그 내용을 바탕으로 투자 능력을 연마한다. 성공 투자를 하고 싶다면 성공할 준비를 갖춰야 한다. 그 과정에서 운은 아무런 역할도 하지 못한다. 의지를 굳게 다지고 과거의 모든 실수를 분석해서 교훈을 얻다 보면 성공할 준비를 갖추고 성공하는 법을 익힐 수 있다. 우리가 아는 뛰어난 투자자들도 모두 처음에는 실수를 저질렀다.

낮은 상대강도점수, 업종 흐름에서 소외된 주식은 피하라

강한 주식이 연이어 나타나는 바닥에서 탈출하려고 할 때 주목해야 할 또 다른 주요 지표는 상대강도선이다. 주식이 새로운 신고점 부근의 매수점에서 상승하거나 신고점을 돌파할 때 주가 아래 형성되는 얇고 구불구불한 선은 S&P 대비 상대강도를 나타낸다. 이 상대강도선도 상승해야 한다. 그렇지 않으면 직후에 아주 빠르게 따라가서 주가 변동을 확증해야 한다. (상대강도선은 종종 주가보다 먼저 신

리미티드 브랜즈 일간 차트

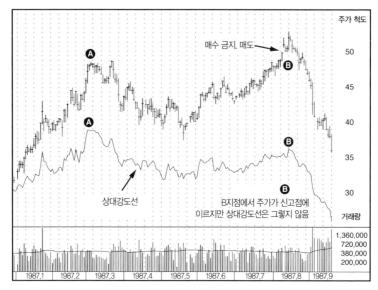

상대강도선이 신고점에 이르지 못한 리미티드의 차트.

노키아 일간 차트

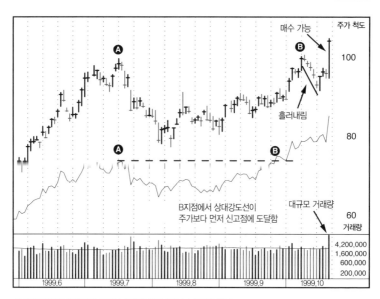

상대강도선이 주가보다 먼저 신고점에 도달한 노키아의 차트.

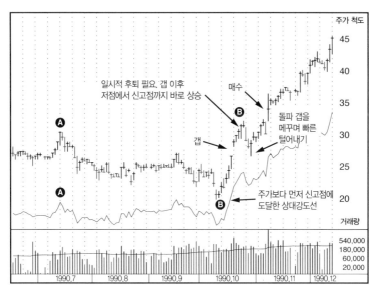

일시적 후퇴 필요. 갭 이후
저점에서 신고점까지 바로 상승

매수

B

돌파 갭을
메꾸며 빠른
털어내기

갭

주가보다 먼저 신고점에
도달한 상대강도선

상대강도선이 주가보다 먼저 신고점에 도달한 시스코 시스템즈의 차트.

고점을 돌파하는데, 이는 매우 긍정적인 신호다) 주가 변동에 뒤처지는 상대강도선은 상승세가 사라졌으며, 상승을 이끌 주도 세력이 부재함을 나타낸다. 이런 결함이 있는 주식은 매수하지 말아야 한다. 만약 이미 보유하고 있다면 매도를 고려해야 한다.

차트를 활용하지 않아도 상대강도점수를 참고할 수 있다. 〈인베스터스 비즈니스 데일리〉가 제공하는 상대강도점수는 1점부터 99점까지 부여되는데, 99점이 가장 높다. 90점은 해당 주식이 지난 12개월 동안 90퍼센트의 다른 모든 주식보다 많이 상승했음을 의미한다.

지난 50년 동안 우리 데이터베이스에서 최고의 상승률을 기록한 종목들은 일관되게 평균 87점 정도의 상대강도점수를 기록하다가 급등해서 100퍼센트에서 1000퍼센트 이상 상승했다. 이런 주기가 계속 반복됐다. 시장의 역사를 공부하고 아는 일이 정말로 중요한 이유다.

상대강도점수가 70점 아래로 떨어지면 이는 해당 주식이 더 나은 상승률을 기록한 선도 종목들보다 뒤처지기 시작했다는 또 다른 신호다. 또한 많은 경우 매도를 고려해야 한다는 뜻이기도 하다. 예외가 있다면 시가총액이 큰 성장주다. 이런 주식은 덩치가 커서 선도 종목들을 따라잡기 어렵다. 이런 주식의 경우, 상대강도점수가 60점 중반까지 떨어져도 용인할 수 있다. 그러나 대기업이라 해도 60점 아래로 떨어지면 조만간 진정한 선도 종목이 될 힘이나 이익 모멘텀을 상실할 것이라고 봐야 한다.

보유 종목의 상대강도 변화를 면밀하게 살피지 않거나 차트를 활용하지 않는 투자자는 대개 상대강도점수가 나쁜 주식을 다수 매수하거나 보유하게 된다. 이는 제대로 통제할 수 있었던 부실한 수익이나 과도한 손실로 이어진다. 어떤 투자자든 강세장에서 상대강도점수가 10점, 20점, 30점, 40점, 50점인 부실한 주식을 매수하거나 보유하고 있을 이유는 없다. 이는 시장이 당신의 주식에 대해 상대적으로 부실하거나 보잘것없는 선택지라고 퉁명스레 말하는 것을 고스란히 듣고 있는 것이나 마찬가지다. 평균적으로 볼 때 당신의 포트폴리오에 이런 주식이 많다면 큰 수익을 낼 가능성이 낮다.

　시장 주기에서 선도 종목의 절반 이상은 높은 상승률을 기록하는 산업군에 속한다는 사실도 알아야 한다. 선도 산업군의 선도 종목을 매수했다면 같은 산업군에 속한 한두 개의 다른 선도 종목을 눈여겨보라. 가령 월마트 주식을 보유하고 있다면 홈 디포나 콜스**Kohl's** 또는 다른 선도 소매 기업의 주식을 살펴보라. 이런 주식들이 주요 고점을 찍는다면 다음 차례는 당신의 주식이 되지 않을지 자문해봐야 한다.

　당신의 주식이 해당 산업군에서 유일하게 양호한 상승률을 기록하고 있을 때도 마찬가지로 주의해야 한다. 기관투자자들이 해당 산업군의 다른 모든 주식을 처분하고 있을 때 당신만 그 주식을 붙잡고 버티고 있는 꼴이 되어서는 안 된다. 때가 되면 매도세가 해당 산업군 전체를 휩쓸 수 있기 때문이다.

　다만 모든 산업군이 같다고 가정해서는 안 된다. 새로운 강세장에서는 5개나 6개, 또는 7개 산업군이 크게 상승하면서 시장을 선도한다. 각각의 산업군은 나름의 특징을 지닌다. 가령 시장이 주택 건설 부문을 선호해서 해당 산업군에 속한 25개 종목 전체 또는 거의 모두가 괄목할 만한 상승세를 보일 수도 있다. 반면 다른 산업군에는 10개 종목이 속해 있지만 두세 개 종목만 시장을 선도하고 나머지 대다수는 부진할 수도 있다. 다시 말해서, 하나의 산업군이 강하다고 해서 해당 산업군에 속한 모든 종목이 상승하는 것은 아니다. 해당 산업군에 속했지만 부진한 움직임을 보이는 종목은 피하라! 다시 말하지만 최고의 상승률을 기록하는 두세 개 선도 종목을 주시해야 한다. 어떤 산업군에 속한 핵심 선도 종목이 부진하면 다른 선도 종목들도 면밀히 살펴라.

주식 분할, 해당 주식이 속한 지점에 따라 대처하라

주가가 크게 상승한 주식은 대개 강세 주기에서 한두 번 분할한다. 기업들은 무엇보다 개인투자자들에게 매력적인 주가를 유지하기 위해 주식 분할을 선호한다. 주식 분할을 하고 나면 유통 주식 수가 늘어나지만 시가총액은 변하지 않는다. 가령 당신이 주당 80달러에 거래되는 주식을 200주(금액으로는 1만 6000달러) 보유하고 있는데 해당 기업이 2 대 1 분할을 발표했다고 치자. 분할이 이뤄지면 당신의 보유 주식 수는 400주가 된다. 다만 주당 가격이 40달러로 줄어든다. 그래서 주당 가격이 내려가지만 전체 가치는 1만 6000달러로 같다.

투자자들은 대부분 주식 분할을 환영한다. 같은 돈으로 더 많은 것을 얻을 수 있다고 생각하기 때문이다. 그러나 앞서 설명한 것처럼 그렇지는 않다. 주식 분할 자체는 긍정적인 변화도 아니고 부정적인 변화도 아니다. 너무 높은 비율로 실행되거나 너무 잦지만 않다면 말이다. 다만, 3 대 1이나 4 대 1 또는 5 대 1은 과도한 분할로, 종종 주가가 고점을 찍게 만드는 원인이 되기도 한다. 생각해 보면 그럴 만도 하다. 과도한 분할은 주가가 이미 많이 올랐으며(그렇지 않

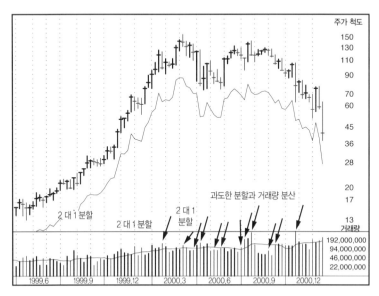

1년 동안 연이어 분할한 JDS 유니페이즈의 차트.

다면 그렇게 높은 비율로 분할할 이유가 없다), 앞으로 매수할 사람은 이미 해당 종목을 보유 중일 가능성이 높다. 짧은 간격으로 2 대 1 이상 분할하는 주식도 취약하다고 봐야 한다. 가령 3 대 2 분할을 한 후 8개월이나 10개월 만에 2 대 1 분할을 하는 식이다. 실제로 퀄컴은 1999년 12월 클라이맥스 고점을 향해 가는 도중에 4 대 1 분할을 하고, 불과 8개월 후에 다시 2 대 1 분할을 했다.

그렇다고 해서 과도하게 분할한 주식을 자동적으로 매도하라는 말은 아니다. 관건은 분할하겠다고 발표했을 때 해당 주식이 속한 지점이다. 만약 바닥에서 아주 멀리 벗어나 있다면 취약할 수 있다. 그러나 시장 선도 종목은 분할 후에도 신규 주식 거래가 시작될 때 랠리를 이어가서 클라이맥스 고점을 향해 나아갈 수도 있다. 다시 말해서 단지 과도한 분할을 했다는 이유로 매도해야 한다는 규칙은 없다. 다만 많은 주식이 모두가 해당 주식을 알고 흥분하는 고점 부근에서 분할했다는 점에 주의해야 한다. 그래서 일부 전문투자자들은 이런 상황이 되면 바로 매도에 나선다.

마지막 매도 규칙, 단순함이 왕도다

지금까지 제시한 매도 원칙은 오랫동안 냉정하고 엄격하게 실시해온 기술적, 기본적 분석을 토대로 삼는다. 당신도 이 원칙들을 적용할 때는 마찬가지로 객관적이고 매우 단호해야 한다. 주관적인 범주에 속하는 매도 신호도 있다. 〈비즈니스 위크〉나 〈포브스〉 또는 〈포춘〉에 대표의 사진과 함께 해당 기업이 얼마나 좋은지 알리는 기사가 실리는 것이 한 가지 예다. 몇 년 전 한 인터넷 기업의 사례가 기억난다. 이 기업 대표의 얼굴에는 자신이 이룬 모든 성과를 너무나 자랑스러워하는 표정이 역력했다. 당시 나는 "이제는 다 끝났군"이라고 말했고, 실제로도 그렇게 됐다.

일부 연구 결과에 따르면 자만심이 강한 대표들, 특히 자신의 공격적 성향을 내세워 회사를 이끄는 대표들은 장기적으로 볼 때 보다 겸손한 성격을 가진 다른 대표들만큼 좋은 성과를 내지 못했다. 또한 최고 실적을 낸 기업의 대표들은 해당 기업의 주가가 최고의 상승률을 기록하는 동안에는 언론에 거의 노출되지 않는다. 월마트의 경우, 주가가 10배에서 20배 오른 다음에야 비로소 언론에서 샘 월튼Sam Walton을 주목하고 관련 기사를 쓰기 시작했다.

그러니 대형 잡지에서 당신이 주식을 보유한 기업에 대한 특집 기사를 쓰지 않는다고 걱정하지 마라. 오히려 특집 기사가 나면 걱정해야 한다. 게다가 대표의 사진이 표지에 실리기까지 하면 매도를 고려해야 할 때가 된 것인지도 모른다. 명심하라. 시장은 청개구리 같아서 마침내 대중에게 확실하게 알려진 주식이 계속 성공하는 경우는 드물다. 시장은 대다수를 속이고 한 수 앞지르는 방향으로 움직이는 경향이 있다.

기업의 과시적 소비에 해당하는 낭비의 징후도 눈여겨봐야 한다. 초대형 신사옥은 다른 모든 기업 경영진의 부러움을 살지 모르지만 주주인 당신에게는 해당 기업이 돈을 헤프게 쓰기 시작했으며 주가가 고점에 다다랐거나 그 부근에 이르렀음을 말해주는 신호가 될 수 있다. 한동안 기업의 본사 중에서 1970년에 착공해 1973년에 완공된 시카고 도심의 시어스 타워Sears Tower보다 큰 것은 없었다. 이후, 정확하게 30년 동안 시어스 주식은 부진했다. 그랜드 센트럴역 위에 팬암Pan Am 건물이 지어졌을 때, 제너럴 모터스General Motors가 플라자호텔 맞은편에 경영진의 사무실을 지었을 때, 걸프+웨스턴Gulf+Western이

뉴욕에 센트럴파크가 내려다보이는 신사옥을 지었을 때도 해당 기업의 주식은 고점 근처에 있었다. 베들레헴 제철**Bethelehem Steel**이 신사옥을 짓고 컨트리클럽을 만들었을 때나 이토이즈**eToys**가 인터넷 붐의 절정기에 로스앤젤레스의 올림픽 불러바드에 신사옥을 지었을 때도 마찬가지였다.

어떤 기업이 해당 부문에서 최대 기업이 되고 싶어 할 때도 경고 신호가 발동되어야 한다. 대체로 그다음에 일어나는 일은 숙취에서 회복하는 경우가 드문 인수합병 과음이기 때문이다. 지미 링**Jimmy Ling**이 이끈 재벌 광풍을 기억하는 사람이 있는가? 링 템코 보트**Ling-Temco-Vought**는 1967년 여름에 고점을 찍었을 때 주당 170달러에 거래됐다. 피델리티 펀드**Fidelity Funds**의 여러 훌륭한 포트폴리오 매니저 중 한 명인 피터 린치는 이런 다각화**diversification**를 "열악화**deworseification**"라고 불렀다.

검증된 규칙과 원칙, 그리고 전례에 따라 대규모 상승한 이후 주식을 매도하려고 계획할 때 알려주고 싶은 마지막 팁은 매도할 때는 모조리 팔아야 한다는 것이다. 애교 부리듯 조금씩 팔지 마라. 팔 것인지 보유할 것인지 확실히 정하라. 팔 것으로 결심했다면 전부, 모조리 팔아라.

주가가 상승하는 동안 처분하지 않다가 급락하기 시작하면 사람들은 합리화를 시도한다. 가령 '수익을 실현할 좋은 기회를 잃었지만 다시 랠리가 나타날 때까지 기다려야지'라고 생각한다. 그러다가 주가가 더 떨어지면 '이제는 너무 떨어져서 못 팔아'라고 생각한다. 거기서 더 떨어지면 '전에는 주가가 여기까지 올랐는데 지금은 이만큼이나 떨어졌어. 더 이상 떨어질 리 없어'라고 생각한다. 그다음에 일어날 일은 여러분도 잘 알 것이다.

이런 전형적인 심리적 함정을 피할 수 있는 유일한 방법은 주가가 상승하는 도중에 충분한 수익이 났을 때 매도하고 거기에 만족하는 것이다. 매도한 이후 주가가 계속 오르더라도 어찌 됐든 실현한 수익은 남는다. 그 돈으로 다른 잠재적 대박주를 찾으면 된다. 게다가 앞서 언급한 대로 25퍼센트의 수익을 3번 연속 올리면 투자금이 거의 100퍼센트나 불어난다. 이는 절대 나쁜 수준이 아니다. 해당 수익 중 하나가 클라이맥스 고점으로 향할 때 실현된다면 그 규모는 더욱 커질 것이다.

롱 포지션과 숏 포지션을 동시에 취해서 헤지를 시도하지 마라. 콜 옵션을 매도하거나 풋 옵션을 매수하는 것이 똑똑하다고 생각할지 모르지만, 당신이 앞지른 사람이 당신 자신일 수도 있다. 그래서 결국 둘 다 틀려서 잘못된 시기에 두 포지션을 모두 청산해야 할 수도 있다. 단순하게 가라. 그래도 투자는 충분히 어렵다. 괜히 잔꾀를 부려서 복잡하게 만들지 마라.

5단계

포트폴리오 관리

수익을 최대화하고
손실을 최소화하는
검증된 방법

The
Successful
Investor

매주, 매달, 매 분기, 매년 보유 종목을 점검하라

포트폴리오를 관리하는 것은 정원을 가꾸는 일과 비슷하다. 계속 신경 쓰지 않으면 당신이 심은 예쁜 꽃들이 아닌 두통을 안기는 보기 흉한 잡초들로 뒤덮이고 말 것이다. 당신의 포트폴리오에 들어 있는 주식을 화초처럼, 아니 그보다 더 세심하게 보살펴야 한다. 잡초가 나타나면 주저 없이 꽃삽을 들어야 한다. 그러면 꽃과 잡초는 어떻게 구분해야 할까? 쉽다. 시장이 말하게 하면 된다. 당신이 매수한 지점에서 많이 오른 주식은 꽃이고 많이 내리거나 조금만 오른 주식은 잡초다. 당신이 5개 종목을 보유하고 있는데 하나는 15퍼센트 상승했고, 또 하나는 7퍼센트 상승했고, 하나는 본전이고, 하나는 5퍼센트 하락했고, 하나는 10퍼센트 하락했다. 이 경우 가장 성적이 나쁜 10퍼센트 손실 종목부터 처리해야 한다.

간단한 일처럼 들리지만 대부분의 투자자에게는 그렇지 않다. 정원 구석에 처박혀 다른 식물들처럼 자라지 못한 가여운 어린 가지가 조만간 꽃을 피워서 성공 투자로 마무리되기를 바라는 것은 당연한 일이다. 그러나 앞서 배운 대로 시장은 당신이 무엇을 바라는지 신경 쓰지 않는다. 그저 경매식 주가 변동을 통해 당신이 보유한 종목에 결함이 있음을 알려줄 뿐이다. 그 현실을 받아들이고, 거기에 맞춰서 대응하고, 새로 시작하는 일은 당신에게 달려 있다. 이렇게 해야만 포트폴리오를 건강하게 유지해서 대박주들을 꽃피울 수 있다.

기민한 상인들은 이와 비슷한 방식으로 장사를 한다. 그들은 상품이 회전하지 않으면 가격을 낮춰서 얼른 팔아버리고 그 돈으로 수요가 많은 상품을 더 많이 사들인다. 당신이 보유한 '상품'도 마찬가지로 관리할 필요가 있다. 매주, 매달, 매 분기, 매년 보유 종목을 점검해라. 손실이 나는 종목이 계속 시들도록 놔둬서는 안 된다. 절대 장기적인 손실을 입어서는 안 된다.

시간이 지나면 10개의 보유 종목 중 한두 개만 실로 탁월한 상승률을 기록하면서 주가가 2~3배 이상 뛴다는 사실을 알게 될 것이다. 따라서 이런 일이 일어날 때 제대로 인식하는 것이 중요하다. 한 가지 방법은 초기 단계에 어떻게 움직이는지 면밀히 주시하는 것이다. 3장에서 언급한 대로 잠재력이 큰 대박주는 적절하게 형성된 바닥에서 탈출한 후 1주나 2주 또는 3주 만에 20퍼센트 이상 급등한다. 나는 캔 슬림 시스템에 따라 막 매수한 주식에서 이런 일이 일어나면 언제나 따로 챙겨두고 더 오래 보유한다. 다시 말해서 20퍼센트나 25퍼센트의 수익을 여러 번 취한다는 매도 규칙의 예외로 둔다.

차세대 마이크로소프트를 보유하고 있다가 20퍼센트나 30퍼센트 수익만 보고 처분했는데 나중에 두세 배 뛰는 모습을 지켜보는 것보다 나쁜 일은 없다. 대박주를 팔아버렸으니 속이 쓰릴 수밖에.

분산투자는 지식 부족에 따른 위험을 회피하는 수단에 불과하다

포트폴리오를 성공적으로 관리하는 또 다른 열쇠는 시장에서 당신이 추구해야 할 목표는 단지 옳은 판단을 하는 것이 아니라 옳은 판단을 했을 때 큰돈을 버는 것이라는 사실을 깨닫는 것이다. 그렇게 하려면 폭넓고 너저분한 분산투자가 아니라 집중, 그리고 신중하고 적절한 후속 매수가 중요하다.

대부분의 투자자가 소수가 아닌 다수의 주식에 돈을 나누는 폭넓은 분산투자가 안전하고 신중한 투자 비결이라고 세뇌당했다. 그러나 이 말은 일부만 맞다. 물론 종목을 분산할수록 한 종목으로 인해 부담해야 되는 위험은 줄어든다. 그래도 상당한 손실로부터 보호받기 어려우며, 옳은 판단을 했을 때 큰돈을 벌 가능성은 줄어든다. 내가 아는 한 폭넓은 분산투자는 지식이 부족한 데 따른 위험을 막는 회피 수단에 불과하다. 어떤 주식을 보유해야 할지 몰라서 역시 잘 모르는 주식을 여러 가지 사는 것이다. 그러면 일이 잘못되어도 포트폴리오를 소수 종목에 집중했을 때만큼 타격을 입지 않을 거라고 생각한다.

정 분산투자를 하고 싶다면 보다 통제된 방법이 있다. 얼마를 투자할지 결정한 후 포트폴리오에 보유할 주식의 수를 엄격하게 제한하라. 그다음 기존 종목을 팔 때까지 다른 종목을 추가하지 않는 식으로 한계를 지켜라. 10개 이하로 종목을 제한하기로 결정했는데 새로운 종목을 매수하고 싶다면 가장 덜 매력적인 종목을 처분하고 그 돈으로 신규 종목을 매수하는 것이다. 이렇게 한계를 정해두지 않으면 처음에는 10개 종목만 보유하려고 했지만 나중에는 15개, 그다음에는 20개, 그다음에는 25개를 보유하게 된다. 그러다 보면 어느새 꽃밭에 잡초가 무성해진다.

누구도 수십 개 종목을 완벽하게 알고 관리할 순 없다. 나는 오랜 경험을 통해 모든 달걀을 소수의 바구니에 담은 다음 그 바구니들을 면밀히 지켜보면서 그 안에 담긴 것들을 속속들이 아는 편이 낫다는 사실을 확인했다. 만약 내가 4개 종목을 보유하고 있고 전체 시장이 중대한 하락세에 접어들었다고 치자. 이 경우, 2000년 3월에 대다수 선도 종목이 그랬던 것처럼 전형적인 클라이맥스 고점에서 마감하는 것 같은 매도 규칙이 발동되어 4개 종목 중 하나는 아마 매도했을 것이다. 그래서 20~25퍼센트 정도의 수익을 실현하거나 손절했을 것이다. 또 다른 종목은 가령 대규모 분산일이 너무 많이 나오는 것처럼 전체 시장이 움직이는 양상이 마음에 들지 않아서 매도했을 수도 있다. 그렇다면 이미 50퍼센트를 현금화해 심각한 손실이 날 가능성에 대비한 보험을 든 셈이어서 나 자신을 잘 보호할 수 있다.

반면 50개 종목으로 투자금을 분산했는데 시장이 하락하기 시작했다면 한두 종목을 처분해도 투자 자산을 전혀 보호할 수 없다. 뿐만 아니라 사실상 여전히 투자금 전부를 투자한 상태여서 시장이 전반적으로 하락할 경우 그에 따른 타격을 고스란히 감수해야 한다. 시장이 하락하면 4개 종목 중 3개 종목이 동반 하락한다는 사실을 명심하라. 75년 정도의 기간을 대상으로 한 우리의 포괄적인 연구에 따르면 심각한 하락을 겪은 후 많은 주식이 다시 회복하지 못한 것으로 드러났다. 따라서 폭넓게 분산된 포트폴리오를 가진 투자자는 과거에는 선도 종목이었지만 지금은 오래되고 찾는 사람이 없는 종목들만 끌어안게 되기 쉽다. 이런 종목들은 오랫동안 지지부진하면서 투자자의 전반적인 실적을 악화시키게 마련이다.

현명하게 분산투자하는 법, 알곡과 쭉정이를 가려내라

보다 신중한 방식으로 포지션을 취함으로써 더 현명하게 분산투자를 할 수 있다. 절대 한 번의 결정에 모든 투자금을 걸지 마라. 그보다는 장기간에 걸쳐 조금씩 투자하라. 포트폴리오에 속한 다른 종목들이 성과를 보이면 추가로 조금씩 투자하라. 이렇게 하면 장기간에 걸쳐 일이 잘 풀릴 때만 분산투자를 하게 된다. 일이 잘 풀리지 않는데 돈을 더 넣을 이유가 있을까? 수익이 나고 보유 종목이 진전을 보일 때까지는 투자금을 전부 투자하면 안 된다.

가령 당신이 10만 달러를 갖고 있는데, 5개 이하의 종목에 균등하게 투자하기로 결정했다고 치자. 각각의 종목을 매수할 때 처음부터

2만 달러를 전부 넣을 필요는 없다. 일단 절반 정도 투자하고 수익이 나기 시작하면 천천히 자금을 추가 투자해 2만 달러를 채워도 된다.

투자하는 과정에서 성과가 가장 나쁜 종목을 매도하고 그 돈 중 일부를 신규 종목이나 견실한 신규 매수점에 있는 수익률 좋은 보유 종목에 투자하라. 이렇게 하면 시간이 지나면서 10개 종목으로 분산되었던 포트폴리오를 6개나 7개 또는 8개 종목으로 줄일 수 있다. 그러면 여전히 분산투자를 하고 있지만 부진한 종목에서 더 나은 종목으로 자금이 이동했으므로 포트폴리오는 더욱 강력해진다. 나는 이를 '강제급식법force-feeding method'이라고 부른다. 이 과정에서 시장은 당신이 선정한 종목들을 알곡(상승 종목)과 쭉정이(하락 종목)로 나눔으로써 도움을 줄 것이다. 시장의 판정에 이의를 제기하지 마라.

추가 매수, 물타기가 아닌 불타기를 하라

장기 포지션을 취하면서 물량을 더하는 방법은 여러 가지가 있다. 당신이 매우 보수적인 투자자라면 처음 매수할 때는 투자금의 절반만 넣고 20~25퍼센트 상승하는지 지켜봐라. 그만큼 상승한 다음 견실해 보이는 새 바닥을 형성한다면 바닥에서 탈출할 때 약간 적은 금액을 더 투자해 두 번째 매수에 나선다.

덜 보수적인 투자자라면 처음 매수한 이후 매수 가격에서 주가가 2~3퍼센트 오르자마자 지체없이 추가 매수하라. 다만 평균 매수가가 너무 빨리 높아지지 않도록 두 번째 매수 때는 투자 금액을 조금 줄여야 한다. 가령 주가가 50달러일 때 매수했는데 51달러로 오르면 단지 그 이유만으로, 또한 옳은 선택을 했다는 초기 신호가 나왔다는 이유로 추가 매수에 나서는 것이다. 다만 처음에 100주를 샀다면 두 번째에는 65주를 사서 상승할 가능성이 있는 포지션에 첫 매입 때보다는 조금 적은 자금을 투자한다. 나는 주가가 처음 매수한 가격에서 2~2.5퍼센트 상승하면 거의 언제나 자동적으로 즉시 두 번째 매수를 한다. 이렇게 하면 대박주가 될 가능성이 있는 종목을 추가 매수할 기회를 놓칠 일이 없다. 이후 주가가 52달러로 오르면 세 번째 매수에 나서 35주를 추가한다. 다만 첫 매수 가격인 50달러의 5퍼센트를 넘어선 뒤에는 피라미드식 매수를 해서는 안 된다. 가령 이 사례에서는 주가가 52.5달러를 넘어서면 추격 매수를 중단해야 한다. 안 그러면 결국은 일어날 수밖에 없는 정상적인 조정에 발목이 잡힐 위험이 커진다.

반대로, 50달러에 매수한 종목의 주가가 48달러로 떨어지면 그냥 놔둬라. 더 싸졌다고 해서 추가 매수해서는 안 된다. 이는 시장이 틀렸다며 싸움을 거는 꼴이다. 앞서 말한 대로 그런 길은 위험하다.

주가가 50달러에서 51달러로 올랐다가 반전해서 급락할 수도 있다. 사실 시장에선 이런 일이 비일비재하다. 그렇다고 해도 장기적으로 보면 상승하는 종목을 추가하는 편이 훨씬 낫다. 당신이 옳은 판단을 내린 종목에 돈을 더 넣고 틀린 판단을 내린 종목에 돈을 덜 넣게 되기 때문이다. 언제나 상승하는 종목을 뒤따르고 하락하는 종목을 잘라내라. 다만 피라미드식 매수는 강세장에서만 해야 한다. 피라미드식 매수는 거의 모든 돌파나 랠리가 실패하는 약세장에서는 전혀 통하지 않는다.

공매도, 시기·종목에 대한 정확한 판단이 필요하다

약세장에서는 현금을 갖고 있어야 한다. 2000년 3월에서 2002년까지 시장이 고점을 찍은 동안 우리 지주사가 운영하는 자산관리사업부는 자산의 10퍼센트만 주식에 투자했다. 시장 지수가 전반적으로 나빴기 때문에 나머지 자금은 MMF에 넣어두었다. 몇 번 시장에 재진입하려고 시도했지만 시장은 전혀 나아질 기미를 보이지 않았다. 그래서 우리는 재빨리 손절하고 발을 뺀 후 MMF로 돌아갔다. 2000년 자산을 현금으로 이동시키고 나서 거의 3년이 지난 2003년 3월이 되어서야 보다 완전한 투자 포지션을 취할 수 있었다.

아주 노련한 투자자라서 시장을 제대로 알고 있다고 확신한다면 약세장에서 공매도할 수도 있다. 공매도할 때는 해당 주식을 증권사로부터 대여해야 한다. 공매도하는 이유는 주가가 내려가서 더 낮은 가격에 해당 주식을 매수해 포지션을 청산할 수 있을 것이라고 기대하기 때문이다. 그러나 공매도는 위험성이 높은 투자 방법으로, 신참 투자자들은 공매도를 시도하다가 손해를 보게 마련이다.

아직 상승하는 중인데 주가나 주가수익비율이 너무 높아 보인다는 이유로 공매도해서는 안 된다. 주가가 높은 데는 그럴 만한 이유가 있게 마련이다. 게다가 주가가 더 오를 수도 있다. 거래량이 적은 소형주를 공매도해서도 안 된다. 누군가가 주가를 올려서 당신이 포지션을 청산(환매수)하느라 손해를 보게 만들기가 너무 쉽기 때문이다. 고배당주도 공매도해서는 안 된다. 배당 시기가 되면 배당금을 지불해야 하기 때문이다. 아이러니하게도 이전의 시장 선도 종목을 공매도할 적기는 지지선이 분명하게 무너져서 고점을 찍고 횡보 바닥 구간에서 다시 서너 번 랠리한 후 약해지기 시작할 때다.

공매도는 무엇을 해야 하는지 아는 상태에서 매우 정확하게 이뤄져야 한다. 공매도는 단순한 매수보다 까다롭고 어렵다. 공매도하기에 잘못된 시기인 경우가 많고, 보다 안전하게 공매도 리스크를 감수할 수 있는 실로 적절한 경우는 얼마 되지 않기 때문이다. 대다수 사람들에게 명백한 시기에는 공매도를 해서는 안 된다. 주가가 전저점을 깨고 내려가 모든 아마추어 차트 분석가들도 알아볼 수 있는 상태에서는 공매도하기에 적절한 때가 거의 나오지 않는다. 과거의 대형 시장 선도 종목이 매우 분명하게 주요 고점을 찍고 몇 달 동안 고점에서 내려올 때까지 기다리는 것이 언제나 최선이다.

이때 해당 주식이 고점을 찍었다는 데 의문의 여지가 없어야 한다. 이 경우, 오직 정확한 타이밍을 포착하는 문제만 남는다. 세 번째나 네 번째 랠리가 다시 이뤄져서 공매도한 미숙한 투자자들이 포지션을 청산하기 위해 환매수할 때가 정확한 타이밍이다.

공매도할 때는 신저점이 나올 때까지 기다려서는 안 된다. 10~20

퍼센트 이상 오른 세 번째 또는 네 번째 랠리가 실패하기 시작하고, 주가가 10주 이동평균선 아래로 떨어지고, 그날 거래량이 늘어난 후에 공매도해야 한다. 이때 주가는 몇 주 전에 기록한 전저점보다 최소한 4~5포인트 위에 있어야 한다. 차트를 참고하는 일부 투자자들에게 이 전고점은 새로운 붕괴점이나 가능한 지지 구간으로 여겨진다. 그래서 다른 대다수 투자자들에게도 명백하게 보이기 전에 매우 중요한 잠재적 완충 구간 또는 우위를 제공한다.

주가가 이전 지지 구간을 뚫고 내려갔다면 공매도하기에는 너무 늦었다고 보면 된다. 그런데도 이 사실을 아는 투자자가 많지 않다. 대부분의 투자자는 공매도로 돈을 잃는 이유가 바로 여기 있다. 공매도는 복잡하기 때문에 나는 주가 하락이 이어지더라도 한 번 이상 물량을 늘리지 않는다. 시장이 며칠 동안 랠리하면 주가가 너무 쉽게 돌아서버리기 때문이다. 또한 주가가 20~30퍼센트 하락하고 여전히 떨어지는 중일 때 수익을 실현해야 한다. 어느 시점이 되면 주가가 반등해서 20~50퍼센트 급등하면서 공매도자들을 덮칠 수도 있기 때문이다. 이렇게 10주 이동평균선 위로 급등한 후에 그 아래로 내려오면서 거래량이 늘어나면 다시 공매도에 나서도 된다.

다음은 공매도할 수 있는 정확한 지점과 하지 말아야 할 잘못된 지점을 보여주는 몇 가지 사례다. 공매도로 성공적인 실적을 올린 질 모랄레스Gil Morales가 이 중 일부를 제공했다.

상식적인 포트폴리오 관리를 위해 고려해야 할 또 다른 사항은

컴퓨웨어 주간 차트

세 번째 랠리가 실패한 후 나온 정확한 공매도 지점. 주가가 9~10주 전에 기록한 저점인 20달러까지 내려가기 전에 공매도해야 한다. 그래야 안전을 확보하고 발목이 잡힐 위험을 피할 수 있다.

주가가 크게 하락하고 10주 이동평균선을 넘으려는 랠리가 실패한 후 공매도 지점이 나타났다.

브로드컴 주간 차트

공매도

10주 이동평균선을 넘는 랠리 실패 후 공매도

후기의 넓고 느슨한 바닥 붕괴

5월 120달러 지지선 붕괴 시 청산

매도량 증가

돌파 시 거래량 부실

5일에 걸친 분산과 함께 시장 지수가 고점을 찍은 가운데 선도 종목도 고점을 찍었다.

시코닷넷 주간 차트

주가가 19달러까지 나쁜 형태로 무너지면서 오른쪽 어깨가 왼쪽 어깨보다 아래로 내려온 시코닷넷의 차트.

CMGI 주간 차트

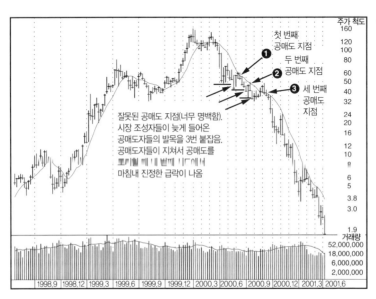

고점을 찍은 지 9개월 후에 가장 안전한 공매도 지점이 나온 CMGI의 차트.

시스코 시스템즈 주간 차트

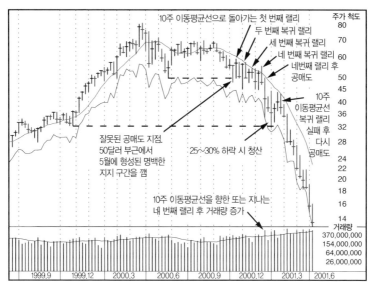

네 번째 랠리에서 주가가 다시 10주 이동평균선 아래로 떨어진 후 공매도 지점이 나타난 시스코 시스템즈의 차트.

베리사인 주간 차트

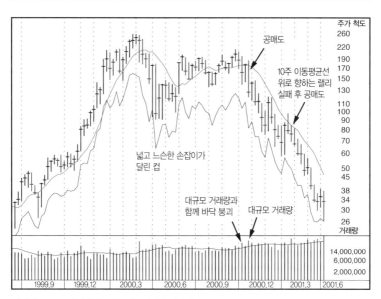

거래량으로 바닥 붕괴를 알 수 있는 베리사인의 차트.

루슨트 테크놀로지스 주간 차트

오른쪽 어깨가 왼쪽 어깨보다 아래로 내려온 루슨트 테크놀로지스의 차트.

네트워크 어플라이언스 주간 차트

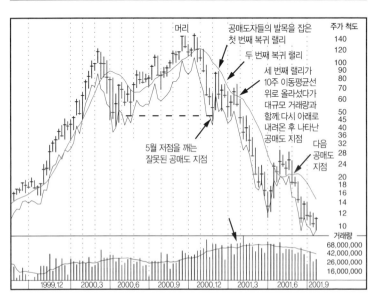

하락 시 나온 대규모 거래량이 고점을 말해주는 네트워크 어플라이언스의 차트.

EMC 주간 차트

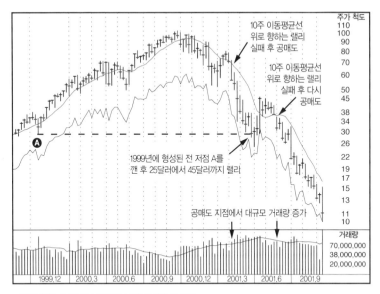

10주 이동평균선 위로 향하는 랠리 실패 후 공매도

10주 이동평균선 위로 향하는 랠리 실패 후 다시 공매도

1999년에 형성된 전 저점 A를 깬 후 25달러에서 45달러까지 랠리

공매도 지점에서 대규모 거래량 증가

주가 척도
110
100
90
80
70
60
50
45
38
34
30
26
22
19
17
15
13
11
10

거래량
70,000,000
38,000,000
20,000,000

1999.12 | 2000.3 | 2000.6 | 2000.9 | 2000.12 | 2001.3 | 2001.6 | 2001.9

고점을 찍은 후 공매도 지점이 나타난 EMC의 차트.

JDS 유니페이즈 주간 차트

❶ 정확한 공매도 지점

❷ 주가가 대규모 거래량과 함께 10주 이동평균선 아래로 내려가는 또 다른 공매도 지점

잘못된 공매도 지점. 주가가 12개월 전에 90달러 선 중반에 형성된 저점 아래로 내려갔을 때는 너무 늦음.

이 지점도 너무 늦음. 이 지지선을 깨는 것은 너무 명백함

주가 척도
140
120
100
80
60
50
40
32
24
20
16
12
10
8
6
5

거래량
192,000,000
94,000,000
46,000,000
22,000,000

1999.3 | 1999.6 | 1999.9 | 1999.12 | 2000.3 | 2000.6 | 2000.9 | 2000.12 | 2001.3 | 2001.6 | 2001.9

모두가 알아볼 때는 너무 일찍 공매도하지 말 것.

정확한 공매도 지점
(고점에서 35주)

미숙하고 잘못된 공매도 지점. 너무 명백하고 모두가
알아보기 때문에 발목이 잡힘. 정확한 공매도 지점은
10주 이동평균선 위로 향하는 네 번째 일시적 랠리 이후임.
주가가 다시 떨어지기 시작하고 일간 차트에서 하락일에
처음으로 거래량이 증가함. 120달러 저점에서 공매도하여
110달러 전저점에 이르기 전까지 완충 구간 확보

주가가 분명하게 무너지고 여러 번 다시 랠리한 후 공매도할 것.

특정 산업군이나 업종에 속한 주식에 할당할 비중이다. 가령 컴퓨터
산업에는 얼마나 투자해야 하고, 의료 산업에는 얼마나 투자해야 하
며, 소매 산업에는 얼마나 투자해야 할까? 특정 산업군에 과도한 비
중을 할애해서는 안 된다. 해당 산업군이 갑자기 선호 대상에서 빠
지거나 조정 받으면 타격을 입을 수 있기 때문이다. 인터넷주와 기
술주를 많이 들고 있는데 기술주 버블이 터지면 내 말이 무슨 의미
인지 알게 될 것이다. 포트폴리오에 개별 주식을 어느 정도 보유할

지 결정하는 문제는 단일 산업군에 할애하는 비중을 제한해야 한다는 말로 정리할 수 있다.

내가 설정한 한계는 50~60퍼센트로 상당히 높은 편이다. 이와 관련, 나는 오랫동안 투자해왔다는 것을 염두에 둬야 한다. 대부분의 사람은 한계를 더 낮춰야 한다. 당신이 어떤 생각을 하는지 안다. 앞서 비중을 제한하는 것은 옳은 판단을 했을 때 큰돈을 벌 수 있는 비결이라고 설명한 집중 개념과 상충한다. 실제로 그렇다. 그러나 다시 말하지만 당신이 경험을 충분히 쌓아서 무엇을 해야 하는지 알고 항상 엄격한 매도 원칙을 지켜서 자신을 보호할 의지를 갖추고 있다면 예외를 둘 수 있다.

저가주·동전주가 아닌 최고의 주식에 집중 투자하라

최고의 산업군에 속한 최고의 주식을 보유하고 있고, 상당한 수익을 내고 있다면 하나의 업종에 50~60퍼센트 정도 할애해도 괜찮다. 그러나 기술주 붐이 일었을 때의 사례로 알 수 있듯, 대부분의 사람은 높은 집중도를 제대로 감당해내지 못한다. 무엇보다 위험 노출도가 매우 크기 때문에 발이 빨라야 한다. 이런 점을 감안할 때 일반적인 한계로는 25~30퍼센트 정도가 적당하다. 기술주는 다른 대다수의 주식보다 2~2.5배 정도 변동이 심하다는 사실을 명심하라. 기술주에 집중 투자하거나, 더 나쁘게는 신용매수하거나, 빌린 돈을 썼다면 큰 타격을 입을 수도 있다.

앞서 말한 한 가지 원칙을 다시 언급하자면, 포트폴리오에 속한 어떤 주식에 대해서도 물타기를 해선 안 된다. 50달러에 샀는데 45달러로 내려갔다고 해서 더 매수하지 마라. 물론 이 방법이 통하는 경우도 있다. 그러나 그 확률은 포커에서 중간 숫자가 빠진 스트레이트 패가 나올 확률보다 높지 않다. 장기적으로 수학은 당신에게 불리한 방향으로 작용할 것이며, 이로 인해 조만간 큰 타격을 입을 수도 있다.

선 마이크로시스템즈 주간 차트

절대 물타기하지 말고 신속하게 손절하라. 그렇지 않으면 이런 일을 당할 수도 있다. 선 마이크로시스템즈 주가는 2002년에 96퍼센트 하락한 2.34달러가 되었다.

매수가보다 하락한 주식을 더 사라고 조언하는 중개사는 조심하라. 이 조언은 사실상 추가 손실을 감수하라고 말하는 것이나 다름없다. 더 똑똑한 다른 중개사를 찾아라. 이와 관련해서도 인간의 본성이 작용한다. 중개사로선 자신이 틀렸음을 인정하고 실수했으니 손절해야 한다고 말하는 것보다 자신이 추천하거나 당신이 매수하기로 결정한 주식이 지금은 더 싸져서 추가 매수하기 좋아졌다고 말하는 편이 더 편하다. 시장에 대해 잘 아는 중개사조차 손절을 권하기란 결코 쉬운 일이 아니다. 고객이 듣고 싶어 하는 말이 아니기 때문이다. 능숙한 전문 투자자들은 물타기가 아니라 불타기를 한다.

단, 물타기를 약간 상승한 주식이 일시적으로 후퇴할 때 추가 매수하는 것과 혼동해서는 안 된다. 가령 50달러에 적절한 바닥을 형성한 주식이 57달러까지 올랐다가 53달러나 54달러까지 떨어진 후 거래량이 크게 늘어나면서 10주 이동평균선에서 반등할 때 매수점이 나타났다. 이는 물타기가 아니라(첫 매수가가 50달러였음을 기억하라) 불타기다. 다시 한 번 강조하지만, 최초 투자가 성공하지 않으면 절대 돈을 더 넣지마라. 일반적으로 탁월한 시장 선도 종목이 10주 이동평균선으로 떨어지는 첫 두 번의 일시적 후퇴를 통해 형성된 바닥에서 벗어난 후 추가 매수하는 것은 괜찮다.

양질의 전문적인 포트폴리오를 관리하는 데 적용할 수 있는 또 다른 타당한 원칙은 아주 낮은 가격에 거래되고 거래 규모가 작은 저가주를 피하라는 것이다. 이 경우에도 예외는 있지만, 일반적으로 모든 주식은 그때그때의 가치에 따라 팔린다. 20달러짜리 주식의 가치는 20달러고, 10달러짜리 주식의 가치는 10달러다. 2달러나 5달러짜리 저가주가 크게 오를 가능성은 높지 않다. 애초에 문제가 있어서 그 가격까지 내려온 것이기 때문이다. 반면 50달러나 75달러 또는 100달러짜리 주식은 보다 성공적인 실적이 있었기 때문에 그 가격에 팔리는 것이다. 이런 주식은 강세장에서 적절한 여건이 조성되면 주가가 상승할 확률이 훨씬 높다.

무엇보다 대형 기관은 2달러짜리 주식을 100만 주씩 들고 갈 수 없다. 엄청난 규모의 자금을 운용하는 그들은 시장성이 떨어지거나 후원 세력이 저급한 저질 주식에 개입하려 들지 않는다. 2달러짜리나 5달러짜리 주식을 보유했다가 문제가 생기면 누구에게 매도할 것인가? 이런 주식을 사려는 전문투자자는 많지 않다. 덩치가 크고 정보가 많은 전문투자자들이 사들이고 후원 세력이 탄탄한 주식을 보유해야 한다. 이런 주식은 대개 높은 가격에 거래되는 우량주다. 해당 산업에서 최악이 아니라 최고의 기업을 찾아야 한다.

나는 오랫동안 주당 가격이 20달러 이하인 주식은 절대 사지 않았다. 소수의 나스닥주에 한해 그 기준을 15달러로 낮춘 경우도 있었다. 그러나 저질 저가주는 쓰레기 더미 정도로 취급하며 피하려고 항상 애썼다. 〈인베스터스 비즈니스 데일리〉가 10달러 이하의 주식을 따로 분류해서 고가의 우량주들로 구성된 표를 어지럽히지 않도록 하는 이유가 바로 여기에 있다. 이 조치는 중요한 핵심 주식들에 대한 표를 확인할 때 당신의 소중한 시간을 아껴준다.

하지만 저가주를 매수하면 더 많은 주식을 살 수 있고 더 빨리 큰 돈을 벌 수 있을 거라고 생각하는 것이 인간의 본성이다. 아마추어나 신참 투자자들은 대부분 이렇게 생각한다. 그러나 이는 사실이 아니다. 사람들이 이런 생각으로 거래하는 저가주는 실적이 덜 검증됐고, 기관 세력이 적게 개입된, 훨씬 투기적인 주식이다. 오랜 기간을 두고 봤을 때 크게 성공할 가능성이 낮다. 오히려 큰 손실을 입을 위험이 높다. 나는 다른 일에는 현명하게 대처하면서도 이런 나쁜 도박꾼의 습관을 인정하지 않거나 버리지 못하는 사람을 많이 봤다.

주식을 몇 주나 살 수 있는지 따지지 말고 '투자할 돈이 아주 많더라도 내가 찾을 수 있는 최고의 주식에만 넣을 거야'라고 생각하라. 최고의 주식은 주당 5달러나 10달러에 팔리지 않는다. 동전주 역시 피해야 한다. 동전주는 심지어 저가주보다 훨씬 나쁘다.

어떤 사람들은 중개인에게 연락해서 기본 매매 단위, 다시 말해 100주 미만으로 매수 주문을 넣는 것을 창피하게 여긴다. 이런 수치심을 극복해야 한다. 우량주를 단주(100주 미만)로 사는 것이 저가주를 100주나 500주 사는 것보다 훨씬 낫다. 힘들게 번 돈을 당신이 찾을 수 있는 최고의 주식에, 그것이 몇 주든 간에 형편이 되는 대로 투자하라. 그것이 5주나 10주, 20주밖에 되지 않는다면 그렇게 하라.

1997년부터 2000년 사이에 1차 바닥을 돌파한 후 최고 상승률을 기록한 50대 주식의 중위 가격은 46.78달러였으며, 중위 상승률은

61주에 걸쳐 1031퍼센트였다. 또한 1960년부터 1995년까지 최고 상승률을 기록한 주식들이 1차 돌파점을 지날 때의 중위 주가수익비율은 36배였다. 이후 이들 주식은 급등하면서 주가수익비율이 100퍼센트 넘게 올랐다.

주식 투자를 시작하는 데 많은 돈이 필요한 것은 아니다. 나는 500달러로 시작했다. 시간이 지나면서 돈이 모이면 주식을 추가로 매수할 수도 있다. 독서와 공부를 통해 더 잘 투자하는 법을 익히면 돈은 점차 불어날 것이다. 옵션이나 선물에 투자해서 빨리 부자가 되려는 시도는 하지 말 것을 권한다. 이런 투자 상품들은 레버리지를 많이 쓰기 때문에 과집중이나 과잉 매매하면 주식보다 훨씬 손실 위험이 크기 때문이다.

자산 배분은 보다 미미한 투자 실적을 보장해줄 뿐이다

널리 홍보되어서 얼핏 보기에는 신중한 투자법처럼 보이지만, 현실에서는 포트폴리오를 운용해서 수익을 내는 최선의 방법이 아닌 또 다른 (분산투자처럼) 중요한 개념으로 자산 배분이 있다. 물론 생활비로 얼마가 필요한지, 비상금으로 얼마 정도를 비축해놓아야 하는지, 얼마나 저축해야 하는지, 얼마나 투자해야 하는지 모두 파악해야 한다. 그다음 투자 밑천 중에서 얼마를 주식에 넣을지 파악해야 한다.

그러나 많은 투자자가 투자상담사에게 등이 떠밀려서 더 멀리 나아간다. 그들은 일반주뿐 아니라 우선주, 채권, 해외 주식, 금 등에 몇 퍼센트를 배분할지 결정한다. 이렇게 하는 목적은 역시 폭넓은 분산투자다. 즉, 더 많은 부문에 투자할수록 더 안전하다고 생각하는 것이다. 당신이 대단히 보수적인 성향을 지녔다면 이런 방식도 가치가 있을 것이다. 그러나 이런 자산 배분은 오직 하나만 보장해줄 뿐이다. 그것은 바로 전반적으로 보다 미미한 투자 실적이다. 적절한 시기에 위험을 줄이는 검증된 매도 규칙을 활용한다면 회사채나 채권 펀드에 따라 자산을 배분할 필요가 없다.

자산 배분은 대개 우선주나 현금 또는 비슷한 머니마켓 상품 정도로 대상을 한정할 때 타당성을 지닌다. 다시 말해서 배분 방식이 단순해야 한다. 장이 나쁠 때는 우선주를 처분하고 현금이나 머니마켓 상품으로 옮겨가는 식으로 보호 수단을 확보할 수 있다. 주식에 할당된 55퍼센트의 비중을 50퍼센트로 줄이고, 채권 비중을 5퍼센트나 10퍼센트로 늘리는 방식으로 확보되는 것은 아니다. 자산 배분을 하는 투자자는 너무 늦게 또는 잘못된 시기에 비중을 늘리거나 줄이기도 한다. 자산 배분을 하더라도 약세장에서 손실을 막을 수 있다는 보장은 없다. 주식 비중을 70퍼센트에서 60퍼센트로 줄이더라도 끔찍한 약세장에선 여전히 큰 손실을 입을 가능성이 있다. 큰 차이를 만들기에는 바뀐 정도가 너무 작기 때문이다. 뒤늦게 주식 비중을 줄이고 채권 비중을 늘렸다가 시장이 분명하게 바닥을 치고 주요한 새로운 상승세가 시작될 때 제때 시장에 복귀하지 못하는 경우도 있다. 따라서 자산 배분을 하는 투자자는 발을 뺄 때와 재진입할 때 두 번 정확하게 판단해야 한다.

게다가 일부 투자는 강세장에서의 수익률이 크게 낮을 수 있다. 해외 주식이 이런 범주에 해당한다. 여러 번의 급등장에서 꼼짝도 하지 않다가 약세장에서 잠깐 가격이 올라 장기 보유를 정당화하는 근거를 제공하는 금도 그렇다.

분산투자와 마찬가지로 과도한 자산 배분은 무지에 따른 위험을 회피하는 수단에 불과하다. 여기서 말하는 무지는 보다 타당한 투자법을 모른다는 뜻이다. 하지만 일부 투자상담사에게 자산 배분은 고객에게 연락해 투자 성과를 개선하거나 보호한다는 명목으로 투자 계좌를 조정하게 만드는 신중한 근거로 널리 받아들여지고 있다. 그들이 추천하는 자산 이동이 투자자들에게 보상을 안겨줄지 여부는 투자상담사나 그들의 투자 회사에서 고용한 애널리스트가 얼마나 많은 경험을 쌓았는지에 좌우된다. 2002년 자료를 조사해보면 자산 배분을 권한 일부 월가 전략가들의 기록에는 아쉬운 부분이 많다.

포트폴리오를 관리하면서 하지 않아야 하는 일들

다만 오해하지 말아야 하는 점이 있다. 보통주에 집중된 포트폴리오를 관리하려면 자제력과 기술이 필요하다. 7~8퍼센트 또는 종주 기보다 낮은 수준에서 손절하고, 20~25퍼센트에서 수익을 실현하면서 수익 비율을 3 대 1로 유지하고, 소수의 진정한 대박주를 더 오래 보유하려면 항상 주의를 기울여야 한다. 그래도 가끔은 당신의 손을 벗어나 손실이 갑자기 15퍼센트나 20퍼센트로 늘어나는 때가 있을 것이다. 이런 일이 생기면 가능한 한 빨리 문제가 된 주식을 처분해야 한다. 비정상적인 손실로 이어지는 갑작스럽고 과도한 급락은 해당 기업에 정말로 심각한 문제가 생겼다는 신호일 수 있다.

이런 말을 하는 이유는 많은 사람들이 이런 상황에 처하면 심리적으로 경직되기 때문이다. 그래서 애초에 처분했어야 할 가격대로 회복할 때까지 기다려야겠다고 생각한다. 또는 어차피 너무 많이 내려가서 더 내려갈 리 없다고 스스로 정당화한다. 너무 빨리, 너무 많이 잃어서 손실을 확정하고 싶지 않다며 미루기도 한다. 어느 경우든 주가가 내려가 더욱 심각한 타격을 입기 전에 상황을 바로잡아야 한다는 객관적인 사실을 받아들이지 못하는 것이다. 기억하라. 제때 끄지 못한 작은 모닥불은 엄청난 산불로 번지기도 한다.

또 다른 요점은 주식을 매수하거나 매도하기로 결정했다면 현재가, 즉 얼마든 간에 현재 매매되는 가격으로 매매하라는 것이다. 그렇지 않고 특정 가격에 매매하려고 지정가 주문을 하면 때를 놓쳐서 원하는 대로 발을 빼거나 들어가지 못할 수도 있다. 0.25포인트 이득을 보려고 주식 투자를 하는 게 아니다. 그보다 훨씬 큰 잠재력을 보고 투자하는 것이다.

포트폴리오를 관리하는 데 있어서 하지 않아야 하는 일이 하는 일만큼 중요한 경우가 있다. 다음은 그런 사례다.

주가수익비율, 배당, 장부가치

나는 적어도 강세장에서 종종 언급되는 이런 척도에 전혀 신경 쓰지 않는다. 주가수익비율에 대해 당신이 알아야 할 사실은 최고의 기업들은 높은 주가수익비율에 팔리고, 그렇지 않은 기업들은 낮은 주가수익비율에 팔린다는 것이다. 생각해보라. 정상급 농구 선수나 축구 선수 또는 야구 선수의 이적료나 연봉이 낮은가?

지난 50년 동안 최고의 실적을 기록한 기업들은 꾸준히 성장하면서도 배당을 조금만 지급하거나 전혀 지급하지 않았다. 연구개발이나 신제품 개발 또는 사업 확장에 이익을 재투자했기 때문이다. 아직 성장 중인 젊은 기업이 현금 배당을 하면 나중에 돈을 빌려서 이를 메꿔야 하며, 그에 따라 주주들이 이자 비용을 감당해야 할 수도 있다. 배당 이론에 매료된 많은 경제학자들은 이런 사실을 이해하지 못하는 듯하다.

배당은 이익에서만 지불해야 한다. 특정 종목과 관련, 당신이 항상 평가해야 하는 것은 이익이다. 주가가 오르는 이유는 배당 수익이 아니라 주당순이익이 증가하기 때문이다. 나는 지금까지 600여 명의 대형 뮤추얼펀드 머니매니저들을 만나봤는데, 어떤 회사의 배당이 얼마인지 묻는 사람은 한 명도 없었다. 그들이 관심을 보이는 것은 언제나 예상 매출, 이익 증가율, 경영진의 자질 또는 신제품의 품질이었다. 사실 똑똑한 자산관리자들은 어떤 기업이 배당을 지급하기 시작하거나 배당 지급률을 늘리면 이는 대개 성장이 멈출 것이라는 신호라고 받아들인다.

소득이 필요하다면 오직 배당을 받기 위해 정체되고 오래되고 현상 유지에 급급한 배당주를 살 게 아니라 꾸준히 실적을 올리는 검증된 최고의 우량주를 사고, 전체 계좌에서 1년에 6퍼센트를 인출하는 것을 고려해보는 게 낫다. 배당주를 사더라도 배당 수익률이 가장 높은 주식은 사지 마라. 이런 주식은 대개 질이 낮아서 큰 위험을 수반하며, 따라서 상승률이 부실하게 마련이다. 다만 배당 소득에 대한 연방세율이 낮아져서 대다수 노령 배당투자자들에게는 도움이 될 수도 있다.

장부가치의 경우, 이 회계 수치와 주식 상승률 사이에 강력한 연관 관계를 찾기 어렵다.

폐쇄형 펀드

뮤추얼펀드를 포트폴리오에 포함시킨 투자자들은 폐쇄형 펀드 closed-end fund에 투자하라는 권유를 받아봤을 것이다. 그러나 폐쇄형 펀드는 대부분의 경우, 피하는 게 낫다. 개방형 펀드open-end fund는 현재 자산 가치가 어떻게 변하든 환매 요구에 응해야 한다. 반면 폐쇄형 펀드는 경매시장에서 주식처럼 거래되며 어떤 가격에 거래될지 알 수 없다. 다시 말해서 자산 가치가 15달러라도 오랫동안 50퍼센트 할인된 7~8달러 정도 가격에 거래될 수도 있다.

채권

나는 채권에 투자하지 않는다. 특히 주식시장에서 투매가 일어날 때 '피난처'로서 투자하지 않는다. 차라리 안전이 확실하게 보장된 정부채나 MMF에 투자하는 편이 낫다. 채권에 투자해도 주식에 투자할 때처럼 돈을 잃을 수도 있다. 실제로, 대공황 때 채권에 투자했다가 재산을 날린 사람들이 아주 많다. 또한 채권은 장기적으로 가치 있는 수익률을 제공하지 않는다. 많은 경우, 물가 상승률과 세금조차 따라잡지 못한다. 게다가 채권 펀드를 매수하려면 수수료까지 지불해야 한다.

균형 펀드와 산업 펀드

이 펀드들도 대부분의 경우 피해야 한다. 균형 펀드balanced fund는 주식만큼 채권에 많은 비중을 할애해야 하므로 상대적으로 열등한 수익률을 올릴 수밖에 없다. 산업 펀드industry fund는 주식과 같이 움직인다. 즉, 어떤 산업이 잘나갈 때는 더 빠르게 오르고, 그렇지 않을 때는 더 빠르게 내려간다. 가령 하이테크 펀드를 매수하면 단기간에 높은 수익을 올릴 수 있다. 그러나 기술 업종에 문제가 생기면 심각한 손실을 입을 수 있다. 산업 펀드는 폭넓은 산업으로 분산된 주식 뮤추얼펀드나 지수 뮤추얼펀드처럼 장기적인 안전책을 제공하지 못한다.

해외 주식

나는 해외 주식을 선호하지 않는다. 미국 시장에선 수천 개에 달하는 탄탄한 국내 기업들의 주식이 거래되고 있다. 여기서 괜찮은 주식을 찾지 못하면 프랑스나 독일, 홍콩, 브라질에서도 찾을 수 없을 것이다. 게다가 이 나라들의 화폐나 정부 정책에 대해 얼마나 잘 아는가? 그들이 신생 기업의 설립과 성장을 촉진하는가? 해외 시장을 어떻게 면밀히 주시할 것인가?

지금까지 설명한 내용은 대부분 자주 인용되는 전문가들의 말과 대치되는 면이 있다. 그러나 주식시장에서는 통념과 상식이 치명적인 결과를 초래할 수도 있다. 대부분의 투자자가 현실적인 투자 원칙을 제대로 발견하거나 이해할 만큼 깊이 공부하지 않기 때문에 좋은 실적을 올리지 못한다.

의사를 찾아갈 때 우리는 그가 해당 분야에서 고도의 훈련을 받았으며, 검증된 방법을 활용하는 전문가일 것이라고 가정한다. 주식 영업 부문에 종사하는 사람들도 대개는 똑똑하고 많이 배웠으며 언변이 뛰어나 보인다. 그러나 의사와 달리 그들 중 일부는 주식시장에서 오랜 기간 전문적이고 성공적인 경험을 쌓지 못했거나 현실적인 분석 훈련 내지 포트폴리오 훈련을 받지 못했을 수도 있다. 게다가 주식시장 자체가 사람들이 생각하는 것보다 훨씬 복잡하다. 그래서 장기간에 걸쳐 꾸준하게 타당한 조언을 제공하는 뛰어난 전문가를 찾는 것은 쉬운 일이 아니다. 그런 수준에 도달하려면 상당한 객관적인 노력과 공부, 그리고 수련이 필요하다.

물론 증권업계에도 헌신적이고 유능하고 자질이 뛰어난 사람이 많다. 그러나 당신도 노력을 해야 한다. 실적이 좋은 사람을 소개해줄 것을 요구하고, 소속 회사의 리서치 내용에 더하여 투자 신조, 방법, 정책, 아이디어와 분석의 토대에 대해 많은 질문을 던져야 한다. 또한 타당하고 유능한 조언을 구분해낼 수 있을 만큼 투자 분야에 대해 충분히 배우고 알아야 한다. 대부분의 투자자는 세탁기나 차를 살 때보다 투자와 관련해서 상대하고 조언을 얻고 말을 들을 사람을 고르는 과정에 시간과 노력을 훨씬 덜 들인다.

당신의 중개인이 IBD의 유료 워크숍에 한 번 이상 참가했다는 사실을 아는 것은 분명 도움이 된다. 우리는 하루 종일 진행되는 워크숍에서 차트를 읽는 법, 타당하고 근본적인 매매 규칙을 따르는 법을 가르친다. 당신의 중개인이 시중에 나와 있는 우리의 책 세 권 중 적어도 한 권을 읽고 또 읽었다면 그것도 좋다. 또한 당신의 중개인이 IBD를 개인적으로 구독할 만큼 열의가 있는지 아니면 가끔 회사에서 제공하는 자료만 보는지 확인하라. 기술과 지식을 쌓기 위해 기꺼이 헌신적으로 노력을 기울일 사람을 찾아야 한다.

끝으로 수수료와 세금에 대해 몇 마디 덧붙이고자 한다. '최고' 기업이 주식을 매매하기 위해 부담해야 하는 증권사 수수료는 세금과 거의 같은 관점으로 바라봐야 한다. 주식 거래에 부과되는 0.5~2퍼센트의 수수료는 다른 물건을 살 때 당신이 지불하는 비용에 비하면 비교적 적은 편이다. 당신이 백화점에서 산 셔츠에는 아마도 33퍼센트의 마진이 붙었을 것이다. 식료품점에 진열돼 있는 식품에는 25퍼센트, 가구와 장신구에는 최대 50퍼센트의 마진이 붙는다. 부동산을 사고 팔 때도 들어갈 때와 나올 때 각각 6퍼센트의 수수료를 내야 한다. 다시 말해서 다른 투자 대안과 비교할 때 상식적인 주식 투자는 특혜이자 기회일 뿐 아니라 소요되는 비용이 비교적 저렴하기까지 하다.

주식의 유동성은 비즈니스나 예술품 또는 다른 투자에서는 누릴 수 없는 장점이다. 유동적인 시장은 주식 매수·매도 방법과 시기를 익히기만 하면 그 자체로 엄청난 안전책을 제공한다.

세금 역시 많은 투자자들을 멈칫거리게 만드는 부분이다. 사람들은 소득세를 내고 싶지 않아서 주식을 처분하지 않는다고 말한다. 물론 어떤 주식을 오래 보유하면 걱정할 거리가 없을 것이다. 소득이 없어서 세금을 낼 필요가 없기 때문이다. 언제나 먼저 주식을 토대로 매수나 매도 결정을 내려라. 세금은 부차적으로 고려해도 되는 문제다.

수익의 일부를 세금 형태로 정부에 넘기는 것은 투자에 성공한 데 따른 대가다. 돈을 잃어서 세금을 낼 필요가 없거나, 조세피난처를 찾았다가 투자에 실패해 돈을 잃거나, 정부에 추궁당하는 것보다 납부 의무가 있는 세금이라면 무엇이든 내는 편이 낫다. 세금을 납부하는 것을 뛰어난 수많은 신생 기업의 성공을 나누는 기회를 얻을 수 있는 특혜라고 생각하면 도움이 될 것이다. 많은 나라가 국민에게 그런 기회를 제공하지 않는다. 창업자들에게 회사를 만들라고 권장하지도 않는다. 그 결과, 창업자들이 재원을 조달하는데 어려움을 겪기 때문에 투자할 만한 좋은 회사가 애초에 그렇게 많지 않다. 미국은 뛰어난 기회로 가득한 나라다. 그 기회를 파악하고 이용하려면 공정한 몫의 세금을 내야 한다. 이는 당신 자신과 사랑하는 가족의 삶을 더 낫게 만들 기회를 잡는 것에 대한 작은 대가다.

성공 투자, 자만심·지능보다 정직·도덕심·겸손이 중요하다

몇 가지 더 말하고 싶은 것이 있다. 주식시장에서 돈을 벌기 위해 반드시 뉴욕에 사는 똑똑하기로 둘째가라면 서러울 수많은 애널리스트의 도움을 받아야 하는 것은 아니다. 미국의 다른 주요 도시에서 활동하는 정상급 포트폴리오 매니저의 도움을 받을 수도 있다. 사실 보스턴, 댈러스, 로스앤젤레스에서도 월가에서만큼 뛰어난 실적을 올리는 포트폴리오 매니저를 찾을 수 있다. 그러나 그런 이들을 절대로 찾을 수 없는 곳이 하나 있으니, 바로 대학 캠퍼스, 특히 경제학과다. 대학의 경제학과 교수들은 매우 똑똑하고 지적이며 가치 있는 사람들이다. 안타깝게도 이들은 대부분 주식시장에 대해 현신적으로 이해하기 못하며, 높은 수익을 올린 경험이 많지 않다. 또한 대부분 기업을 성공적으로 운영해본 적이 없다. 대신 그들은 종종 경매시장이라는 현실적이지만 통념을 거부하는 전쟁터에서 반드시 통하지는 않는 이론이나 학문적 신념을 고수하는 경향이 있다.

일부 대학 교수가 홍보하는 랜덤 워크random walk 이론(주가는 무작위로 움직이므로 예측하려는 시도가 무의미하다는 이론- 옮긴이)이나 효율적 시장efficient market 이론(시장에는 정보가 충분히 반영하므로 초과 수익을 기대하기 어렵다는 이론- 옮긴이)은 상아탑의 학문적 헛소리로 드러났다. 오래전에 새로운 강세장이 시작될 무렵, 예일대학이 주식을 처분하고 현금에 큰 비중을 두게 만든 대다수 배당할인모델dividend discount model(미래의 배당을 자기자본비용으로 할인해 주가를 추정하는 것- 옮긴이)이나 포뮬러 플랜formula plan 투자(미리 설정한 행동 계획에 따라 기계적으로 매매하는 것- 옮긴이)도 마찬가지다. 물론 진지하고 겸손한 자세로 시장을 공부하고 우리가 논의한 현실적인 투자법을 가르치는 금융 및 투자 부문 교수들도 일부 존재한다.

성공적인 투자자가 되기 위해선 강한 자만심이나 높은 지능보다는 정직, 도덕심, 겸손이 더욱 중요한 자질이다. 시장에서 저지른 많은 실수를 분석하고 논의하고 인정할 자세를 항상 가지고 있어야 한다. 우리 모두는 그렇게 배우고, 그 결과 더 똑똑해졌다. 투자에 관해 여성이 남성만큼, 때로 남성보다 잘하는 이유가 바로 여기 있는지도 모른다. 여성들은 덜 고집스럽고 자만심이 강하지 않아서 오랜 시장의 속설을 붙들고 있지 않으며, 보다 타당한 투자법을 읽고 배울 준비가 되어 있다.

나는 오랜 경험을 통해 성공적인 종목 선정은 해당 기업에 대한 기본적인 핵심 팩트를 모두 아는 것이 60~65퍼센트 비중을 차지하고, 차트와 시장의 움직임을 이해하는 것이 35~ 40퍼센트 비중을 차지한다는 결론을 얻었다. 지금까지 내가 투자했던 최고의 대박주들은 모두 매출과 이익이 크게 늘었을 뿐 아니라 마진율과 자기자본이익률이 높았다. 이런 기본적인 척도에 의해 평가할 때 이들 주식은 해당 산업에서 최고 기업의 주식이었으며, 사실상 모두 일반적인 수준보다 높은 주가수익비율에 매매됐다. 처음에 나는 차트나 시장의 움직임으로 보고 이들 중 다수에 이끌렸다. 그러나 이들이 강력한 펀더멘털과 기관의 후원, 그리고 혁신적인 신제품 내지 서비스를 갖추지 않았다면 그렇게 크게 성공할 수 없었을 것이다.

어떤 일이든 남보다 더 노력을 기울여야 보상을 얻을 수 있는 법이다. 거듭된 공부와 관찰로 익힌 작지만 중요한 세부 사항들이 당신의 지식을 늘리고, 투자 세계에서 성공하는 것과 거의 성공할 뻔하는 것 사이의 차이를 만든다.

실례로 보는 주식시장의 잠재력, 당신도 할 수 있다

다음은 내가 무작위로 고른 우수 기업들의 차트다. 이들 차트는 현실적인 포트폴리오 관리 규칙과 원칙에 따라 투자하는 법을 익히기만 하면 수익을 낼 수 있을 만큼 미국 주식시장에는 언제나 엄청난 잠재력이 있음을 보여준다.

신텍스Syntex는 1963년 7월에 매수해서 6개월 후에 매도한 나의 첫 대박주다. 당시 내가 아는 사람 중 이 주식을 매수한 사람은 없었다. 다들 이 회사의 주가가 너무 높다고 생각했다. 사람들은 이미 주가가 2배나 올라서 주당 100달러라는 신고점에 거래되고(차트는 3 대 1 분할 반영), 주가수익비율이 45며, 신텍스의 제품이 유방암을 유발한다는 소송이 제기된 상태여서 겁을 먹었다. 그러나 이 회사는 매출과 이익이 빠르게 늘었고, 제품은 실로 혁신적이었다. 그들의 약은 세상을 바꿀 게 분명했다.

신텍스 주간 차트

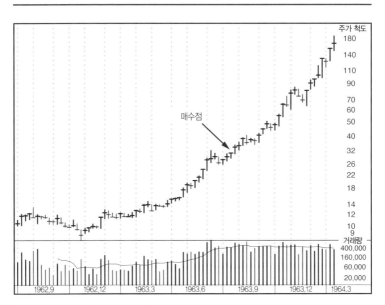

고점이 항상 높은 것은 아니다. 때로는 낮기도 하다.

시 컨테이너스Sea Containers 차트에선 완벽한 손잡이가 달린 컵 패턴이 보인다. 손잡이 부분에서 주가가 하락할 때 거래량이 극도로 줄어들고 조밀하게 마감한 주들이 많다는 점에 주목하라. 유일하게 좋은 주식은 오르는 주식이다. 첫 번째 적절한 매수점을 놓쳤다면 인내심을 가져라. 정말 좋은 주식이라면 시간이 흐른 후 또 다른 바닥을 형성하며 새로운 매수점을 제공할 것이다. 시 컨테이너스가 좋은 주식이라는 한 가지 단서는 첫 4주 동안 거래량이 크게 늘면서 주가가 50퍼센트 상승했다는 것에서 찾을 수 있다.

시 컨테이너스 주간 차트

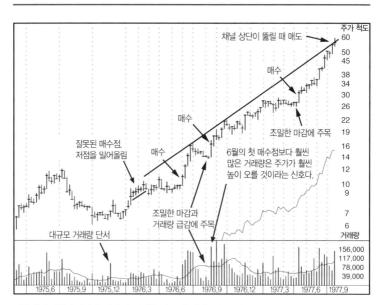

전형적인 대형 손잡이가 달린 컵 패턴을 만든 시 컨테이너스 차트.

여성을 대상으로 한 소매업체인 리미티드 브랜즈Limited Brands는 직장 여성들이 늘어나는 추세의 덕을 봤다. 이 회사 주식은 1980년대의 멋진 선도 종목으로, 계속 상승하면서 일련의 바닥을 만들다가 1987년 잘못된 후기 바닥을 형성했다. (다시 말하지만 모든 차트는 주식 분할을 반영한다. 따라서 초기 매수 가격이 9달러라고 생각해서는 안 된다. 실제 가격은 27달러였다.)

리미티드 브랜즈 주간 차트

79주에 걸쳐 대형 손잡이가 달린 컵 패턴을 만들고 113주 동안 420퍼센트 상승한 리미티드 차트.

TCBY는 1984년의 요구르트 유행 붐을 타고 냉동 요구르트 매장을 빠르게 확장한 흥미로운 신규 상장 업체다. 심지어 1년 후인 1985년 4분기에 10주 동안 컵 패턴을 형성한 뒤 상승할 때 매수했어도 상당한 수익을 낼 수 있었다. 이는 대다수의 사람에게 높게 보이는 고점이 실은 저점일 수 있음을 보여주는 또 다른 사례다.

TCBY 주간 차트

1984년 9주에 걸쳐 컵 패턴을 만든 후 20배 넘게 오른 TCBY의 차트.

코스트코 홀세일Costco Wholesale는 내가 놓친 주식이다. 그 점에 대해서는 변명의 여지가 없다. 코스트코는 내가 3년 반 동안 보유한 프라이스 코Price co.를 뒤잇는 좋은 주식이었다. 코스트코의 창업자 중 한 명인 제임스 시네갈James Sinegal은 원래 샌디에이고에서 창고형 매장을 처음 시도한 솔 프라이스Sol Price와 함께 일했다. 몇 년 후 시네갈은 시애틀에서 코스트코라는 이름을 내걸고 비슷한 스타일의 창고형 매장을 열었다. 이 사례에서 배운 점, 눈을 크게 뜨고 최근 몇 년 동안 시장을 선도한 종목을 뒤따를 탄탄한 기업을 찾아라.

코스트코 주간 차트

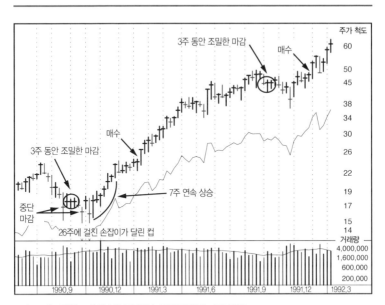

코스트코는 앞서 크게 상승한 프라이스 코를 뒤따르는 종목이다.

후속 종목의 힘을 보여주는 또 다른 강력한 사례를 살펴보자. 먼저 애플컴퓨터Apple Computer가 오래전에 시장을 선도한 후 컴팩컴퓨터 Compaq Computer가 뒤를 이었다. 그다음에는 델Dell이 주문형 PC를 직판한다는 새로운 개념으로 선두 자리를 차지했다.

델 컴퓨터 주간 차트

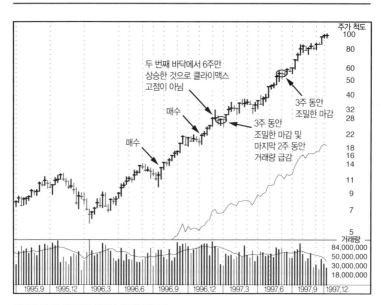

애플과 컴팩 컴퓨터의 뒤를 이은 델 컴퓨터.

인터내셔널 게임 테크놀로지International Game Technology는 자사주를 10퍼센트 매입한다고 발표한 지 두어 달 후에 과감하게 다시 10퍼센트의 자사주를 매입함으로써 놓칠 수 없는 단서를 제공했다. 컴퓨터를 이용한 신형 게임기는 이 회사의 주가를 자그마치 15배나 끌어올렸다.

인터내셔널 게임 테크놀로지 주간 차트

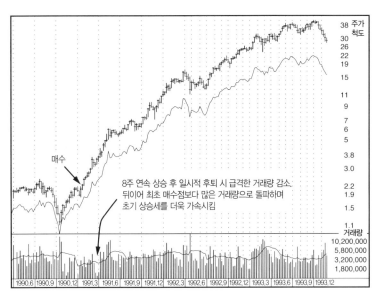

20퍼센트의 자사주 매입으로 15배 상승한 인터내셔널 게임 테크놀로지의 주가.

오라클Oracle은 전형적인 바닥 위의 바닥을 형성하기 전에 이미 데이터베이스 소프트웨어 분야의 선도 종목이었다. 두 번째 바닥에서 4주 동안 조밀하게 마감한 직후 급등한 부분에 주목하라.

오라클 주간 차트

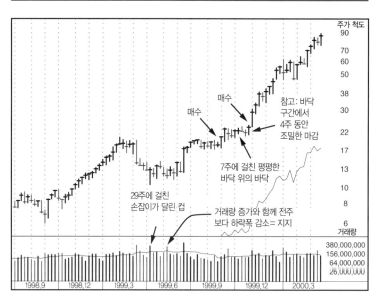

손잡이가 달린 컵에 이어 평평한 바닥 위의 바닥 패턴이 나타났다.

프라이스 클럽 웨어하우스^{Price Club Warehouse} 할인점을 운영하는 프라이스 코는 나의 또 다른 대박주다. 나는 이 주식을 매장이 두 개뿐이던 1982년 2분기에 처음 매수했다. 이 회사는 3년 반 동안 탁월한 실적을 올린 후 동부로 사업을 확장하면서 경영상 약간 무리수를 두기도 했다. 어쨌든 프라이스 코는 새로운 개념의 유통을 선보인 최초의 선두주자이자 혁신 기업으로, 나중에 코스트코가 그 뒤를 이었다. 프라이스코의 자기자본이익률은 무려 55퍼센트였다.

프라이스 코 주간 차트

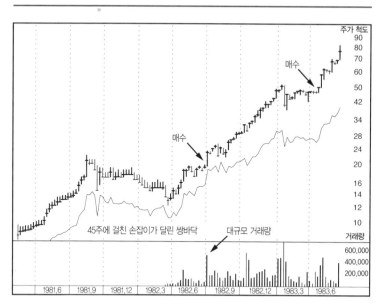

손잡이가 달린 쌍바닥 패턴 후 1293퍼센트 상승한 프라이스 코의 주가.

제대로 된 종목을 선정하고 적절한 시기를 골랐다면, 매수 직후 바로 주가가 상승해서 약간의 완충 구간이 생길 것이다. 넉넉한 완충 구간은 최초 매수 후 더 적은 금액으로 두어 번 추가 매수할 여지를 제공한다. 또한 주가수익비율이 너무 높다는 이유로 일각에서 당신의 주식을 공격해 탈선시키려 할 때 살아남을 수 있도록 도움을 준다. 대부분의 경우, 이는 시카고 불스Chicago Bulls에서 전성기를 구가하는 마이클 조던Michael Jordan에게 초고액 연봉을 받을 자격이 없다고 말하는 것이나 마찬가지다. 내가 확인한 바에 따르면 이익과 매출 성장률이 견실한 좋은 기업에 이런 일이 생길 경우, 뒤이은 패닉 매도는 대개 두 시간에서 길어야 이틀 정도밖에 가지 않았다. 또한 대부분의 경우 시장을 잘 아는 전문투자자들에게 타당한 매수 기회를 제공했다.

성공 투자의 관건, 최대한 많은 팩트를 수집하라

역사 속에는 통념과 비합리적인 개인적 의견, 그리고 부정론이 모두 틀린 것으로 드러난 사례가 가득하다. 듀빈 경Lord Duveen은 오래전에 대부분의 사람들이 과도하다고 여길 정도로 큰돈을 들여 유럽 대가들의 독보적인 그림들을 사들인 후 헨리 포드Henry Ford 같은 당시 미국의 신흥 기업가들에게 훨씬 높은 금액에 팔아서 큰돈을 벌었다. 또한 비판론자들은 모두 CNN의 테드 터너Ted Tunner가 MGM의 영화 라이브러리에 너무 많은 대가를 지불했다고 생각했다. 그러나 터너는 결과적으로 이 영화들을 몇 번이고 재활용해서 돈을 벌었다. 영국 발명가들은 토머스 에디슨**Thomas Edison**이 그의 방법론으로는 전구를 만들 수 없을 거라고 말했다. 사람이 새처럼 날 수 있는 기계를 만들겠다는 라이트 형제**Wright Brothers**는 정신 나간 생각을 하고 있다는 비난을 받았다. 빌리 미첼**Billy Mitchell**은 공군력의 잠재적 미래를 잘못 예측했다. 해군은 자갈 공급업자 헨리 카이저**Henry Kaiser**가 선박을 만들 수 없을 거라고 생각했다. 알렉산더 그레이엄 벨**Alexander Graham Bell**은 웨스턴 유니언**West Union** 사장에게 자신의 발명품인 전화에 대한 일부 소유권을 제안했다가 "그런 흥미로운 장난감으로 뭘 할 수 있느냐"라는 질문과 함께 거절당했다. 윌리엄 헨리 시워드**William Henry Seward**는 러시아에 700만 달러라는 과도한 대가를 지불하고 눈과 얼음으로 뒤덮인 쓸모없는 땅을 사들이는 어리석은 짓을 저질렀다는 손가락질을 받았다. 현재 그 땅은 알래스카라고 불린다.

성공적인 투자자가 되려면 자신이 노력해서 손에 넣을 수 있는 것과 관련된 팩트를 최대한 많이 알아야 한다. 그래야만 자신의 능력에 확고한 자신감을 가질 수 있으며, 다른 사람의 의견에 영향 내지 악영향을 받지 않을 수 있다. 그 의견이 아무리 강하고 폭넓게 떠받들어지고, 당신이 그 의견의 출처나 매체를 아무리 권위적이라고 여기더라도 말이다.

나는 개인적 의견보다는 역사와 사실을 신뢰한다. 다음은 미국이 역대 최고의 성장률을 기록하면서 유례없는 경제적, 사회적 진보를 이룬 시기에 형성된 강세장과 경제 회복을 이끈 종목들에 대한 세부적인 사항들을 한눈에 볼 수 있도록 정리해놓은 표다. 이 표는 미국이라는 나라가 어떻게 성장했는지 보여주는 총체적인 만화경이라고 말할 수 있다.

이 같은 놀라운 성장담은 여러 주기에 걸쳐 거듭 되풀이됐다. 미국의 국가 체제가 성공에 필요한 노력과 공부할 야심과 의욕을 가졌다면 누구에게나 주어지는 자유와 기회를 토대로 삼은 덕분이다. 각각의 경기 순환은 탁월한 신제품, 돈과 시간을 아껴주는 새로운 발명품, 혁신적인 신기술, 사람들의 필요를 충족시켜주는 새로운 서비스를 창출한 기업들이 이끌었다. 우리의 자유를 보호하고 방어하는 한 이 유례없는 성장은 계속될 것이다. 정부는 과도한 세금과 필요 없는 지출을 줄이고 옆으로 물러나 있어야 한다. 그러면 혁신가, 발명가, 기업가들이 모두의 생활 수준과 기회를 계속 개선해 나갈 동기를 얻을 것이다.

표에 나열된, 하나의 주기를 이끈 기업들은 대부분 다음 주기를 이끌지 않았다는 점에 주목하라. 또한 각각의 주기를 이끈 기업들은 혁신적인 신제품을 갖고 있었으며, 실질적인 성공을 이끄는 데 높은 이익 증가율이나 주당순이익 점수가 밑바탕되었다는 점에 주목하라. 또한 상장은 특히 1970년 이후 국가적 성장을 이끈 강력한 요소였으나, 배당은 그렇지 않다

각 주기의 시장 선도 종목 중 75%는 설립된 지 10년도 안 된 신생 기업이고, 80%는 배당을 하지 않았으며, 배당이 아니라 이익 증가율이 동력원이었다.

회사명	사업 내역	증가율*	상승 기간	설립일	상장일	주당 순이익**	배당
1982~1986							
어도비 시스템즈 Adobe Systems	새로운 출판 소프트웨어	482	6개월	1983	1986	66	없음
서킷 시티Circuit City	새로운 전자제품 할인점	1971	4.25년	1949	1986	298%	0.7%
컴팩 컴퓨터 Compaq Computers	더 빠르고, 작고, 휴대성 뛰어난 새로운 컴퓨터	378	11개월	1982	1983	98	없음
코스트코 홀세일 Costco Wholesale	새로운 도매 회원제 매장	700	3.25년	1983	1985	92	없음
듀케인 시스템즈 Duquesne Systems	새로운 IBM 소프트웨어	725	2년	1970	1984	88	없음
에뮬렉스Emulex	새로운 디스크, 테이프 제어 장치	410	8개월	1979	1981	66%	없음
포드Ford	새로운 실적 개선	173	1년	1919	–	158%	없음
프랭클린 리서치 Franklin Research	새로운 뮤추얼펀드 기업	750	1.25년	1969	1983	92	1.0%
진테크Genetech	최초의 바이오공학 제약 회사	277	6개월	1976	1979	82	없음
질레트Gillette	세계적인 고급 브랜드	279	3.75년	1917	–	72	1.4%
홈 디포Home Depot	새로운 주택 관리용품 할인점	938	1.25년	1978	1981	140%	없음
킹 월드King World	새로운 퀴즈 프로그램인 〈휠 오브 포춘Wheel of Fortune〉과 〈제오파디Jeopardy〉 배급사	300	1년	1984	1984	89	없음
레이들로 운송 Laidlaw Transportation	통학 버스	567	2.75년	1979	1983	75	없음
리미티드 스토어즈 Limited Stores	직장여성용 의류	467	2.75년	1963	1973	79	0.9
리즈 클레이본Liz Claiborne	직장여성용 의류	2820	4.75년	1976	1981	33%	없음
마리온 랩스Marion Labs	새로운 약품	176	10개월	1952	–	7%	2.0%
머크Merck	처방약	270	1.75년	1934	–	79	2.8%
노벨Novell	새로운 랜LAN 소프트웨어	100	5개월	1983	1985	99	없음
프라이스 코Price Co.	새로운 도매 회원제 매장	1293	4년	1976	1980	43%	없음
리복Reebok	테니스, 에어로빅, 조깅용 신발	262	4개월	1979	1985	97	없음
TCBY	프랜차이즈 요쿠르트 매장	2290	1.5년	1984	1984	99	없음
월마트Wal-Mart	새로운 할인점 체인	957	3년	1969	1971	40%	1.1%

1988~1997							
얼라이언스 세미 Alliance Semi	PC용 반도체	589	11개월	1985	1993	66	없음
아메리카 온라인 America Online	새로운 통신 매체인 인터넷 접속	647	1.5년	1985	1992	90	없음
아메리카 파워 컨버전 America Power Conversion	새롭고 안정적인 PC용 전원 공급장치	808	1.75년	1981	1988	99	없음
암젠Amgen	새로운 암환자용 바이오공학 약품	680	1.75년	1980	1983	94	없음
애플 사우스Apple South	애플비스Applebee's 레스토랑	463	1.25년	1986	1991	96	0.1%
어센드 커뮤니케이션스 Ascend Comm.	새로운 랜LAN 및 완WAN 접속 제품	3206	1.75년	1989	1994	91	없음
캘러웨이 골프Callaway Golf	빅 버사Big Bertha 골프채	333	11개월	1982	1992	99	없음
시스코 시스템즈 Cisco Systems	새로운 라우터 및 네트워크 장비	74445	9.5년	1984	1990	99	없음
코브라 골프Cobra Golf	고급 골프채	156	6개월	1978	1993	99	없음
델 컴퓨터Dell Computer	새로운 주문형 PC 판매	2973	2.5년	1984	1988	55	없음
디지털 스위치Digital Switch	새로운 통신 스위치 장비	584	8개월	1976	1980	106%	없음
EMC	새로운 컴퓨터용 저장 장치	500	1년	1979	1986	90	없음
인터내셔널 게임 테크놀로지 International Game Technology	마이크로프로세스를 활용한 새로운 게임	1567	2.5년	1980	1981	91	없음
콜스Kohl's	새로운 할인 백화점	177	1.5년	1988	1982	67	없음
메디컬 케어 인터내셔널 Medical Care International	수술 전문 병원	627	3년	1981	1983	69	없음
머큐리 파이낸스 Mercury Finance	신차 및 중고차 구매자금 융자	424	2.75년	1984	1989	98	1.8%
마이크론 테크놀로지 Micron Technology	컴퓨터용 DRAM 및 SRAM	300	7개월	1978	1984	99	0.4%
마이크로소프트Microsoft	새로운 컴퓨터 소프트웨어	13847	10년	1981	1986	95	없음
뉴브리지 네트워크 Newbridge Networks	새로운 국제 네트워크 장비	699	11개월	1986	1989	81	없음
피플소프트Peoplesoft	새로운 인사관리 소프트웨어	395	1.25년	1987	1992	99	없음
세인트 주드 메디컬 St. Jude Medical	인공 심장 판막 부문 선도 기업	400	2.25년	1976	1977	85	없음
서지컬 케어 어필리에이츠 Surgical Care Affiliates	수술 전문 병원	1636	2.75년	1982	1983	93	없음
텔랩스Tellabs	데이터 통신 및 네트워킹	1074	2.25년	1974	1980	77	없음
스리 콤Three Com	컴퓨터 네트워킹	286	1.25년	1979	1984	97	없음

유에스 헬스 케어 **US Health Care**	새로운 건강관리기구	125	6개월	1982	1983	90	없음
유나이티드 헬스케어 **United Healthcare**	새로운 건강관리기구	384	1.25년	1977	1984	91	0.1%
야후**Yahoo!**	인터넷 접속	7443	2.5년	1995	1996	52	없음
비즈니스 오브젝트 **Business Objects**	새로운 데이터베이스 소프트 웨어	535	8개월	1990	1994	95	없음
1998~2000							
바이오젠**Biogen**	새로운 바이오 의학 약품	30	1.5년	1978	1983	71	없음
찰스 슈왑**Charles Schwab**	1위 온라인 할인 증권사	439	6개월	1971	1987	91	0.3%
체크포인트 소프트웨어 **Checkpoint Software**	데이터베이스 소프트웨어	1142	9개월	1993	1996	97	없음
컴버스 테크놀로지 **Comverse Technology**	전화기 회사를 위한 새로운 하드웨어	606	1.25년	1984	1986	96	없음
이베이**eBay**	새로운 인터넷 경매	1070	6개월	1996	1998	53	없음
이텍 다이내믹스 **Etek Dynamics**	광섬유 장비	507	6개월	1983	1998	99	없음
네트워크 어플라이언스 **Network Applicance**	새로운 네트워크 저장 장치	517	4개월	1992	1995	98	없음
노키아**Nokia**	선도 휴대폰 제작사	800	2년	1967	1994	95	없음
오라클 시스템 **Oracle Systems**	새로운 데이터베이스 소프트 웨어	274	5개월	1977	1986	95	없음
PMC-시에라**PMC-Sierra**	새로운 반도체	1949	1.25년	1983	1991	51	없음
큐로직**Qlogic**	주변장치용 통합회로	3351	1.75년	1992	1994	68	없음
퀄컴**Qualcomm**	새로운 휴대폰 시스템	2567	1년	1981	1991	79	없음
RF 마이크로 디바이스 **RF Micro Devices**	무선통신용 통합회로	3224	1.5년	1991	1997	68	없음
SDL 인크**SDL Inc**	광섬유 장비	3631	1.25년	1983	1995	92	없음
시벨 시스템즈 **Siebel Systems**	새로운 마케팅 소프트웨어	420	7개월	1993	1996	99	없음
선 마이크로시스템즈 **Sun Microsystems**	새로운 선도 네트워크 장비	688	1.5년	1982	1986	94	없음
유니페이즈**Uniphase**	새로운 광섬유 장비	2016	1.25년	1979	1993	90	없음
베리타스**Veritas**	새로운 보안 소프트웨어	1097	1.25년	1982	1993	99	없음
비세테 세미**Vitesse Semi**	인터넷 장비용 고속 칩	535	1.25년	1987	1991	98	없음

* 단위: %

** 퍼센트는 이전 2개 분기 주당순이익 상승률 평균을 나타내고, 수치는 99점이 최고점인 오닐 플러스 코의 주당순이익 점수를 나타낸다.

지속가능한 경제는 주식시장 성장의 절대적인 열쇠

이런 일들이 일어나려면 강하고 지속가능한 경제와 주식시장이 절대적인 열쇠다. 우리 경제와 시장이 고전하던 2002년 7월 6일에 내가 부시 대통령에게 아래 나오는 편지를 보낸 이유가 바로 여기 있다(218쪽 참조). 나는 앞서 2월 초에도 대통령경제자문위원회 위원 장인 글렌 허바드^{Glen Hubbard}가 로스앤젤레스에서 열린 2002년 IBD 경제 컨퍼런스에서 강연한 후 그를 통해 대통령에게 비슷한 편지를 전달하려다가 실패한 적이 있었다. 물론 7월 6일에 보낸 편지도 대 통령 경제자문단에 대신 전달되었을 가능성이 높다. 샌프란시스코 에 사는 부시 대통령의 친구인 케이티 보이드^{Katie Boyd}가 10월 백악관 만찬에 참석해서 사본을 전달하기 전까지 부시 대통령이 나의 편지 를 본 적이 없었기 때문이다.

부시 대통령은 다음 날 내 편지가 타당한 내용을 담고 있으며, 소 기업 창업 아이디어에 흥미를 느꼈다며 직접 쓴 답장을 보내왔다. 나는 생각보다 빨리 답장을 받아서 깜짝 놀랐다. 당시 대테러 전쟁 이 임박한 상황이어서 부시 대통령은 이라크 문제로 처리할 일이 많 았기 때문이다. 여담이지만, 부시 행정부는 솔직하고, 친기업적이 며, 중요한 경제 문제와 국제 문제에 잘 대응한다는 평가를 받고 있 었다.

2002년 7월 16일

대통령
백악관
워싱턴DC 펜실베이니아 애버뉴 NW 1600 20500

대통령님,

로스앤젤레스에서 빌 사이먼Bill Simon의 사진 촬영이 있을 때 대통령님을 잠깐 뵌 적이 있습니다.

대테러 전쟁을 대단히 성공적으로 수행한 것처럼 신선한 새로운 계획으로, 지지부진한 경제와 주식시장을 되살리고 공세를 취하는 데 도움이 될 만한 과감한 새로운 아이디어를 제시하고자 합니다.

새로 사업을 시작하는 모든 미국인에게 창업한 첫 2년 동안 소득세를 면제해주고, 이후 2년 동안 정상 세율의 절반만 부과하도록 최대한 빨리 의회에 요청하십시오. 또한 신생 기업의 주식을 보유한 대표나 직원들에게 첫 10년 동안 처분한 주식에 대한 양도소득세를 정상 세율의 절반만 부과하십시오. 이렇게 하면 미국에 수많은 소기업이 새로 생겨날 것입니다. 그리고 대통령님이 지적하신 대로 소기업들은 엄청나게 많은 새로운 일자리를 창출할 겁니다. 더 크고 오래된 기업들이 규모를 줄이고 있는 것과는 다르게요.

더군다나 이 정책은 정부에 아무런 비용도 부담시키지 않을 겁니다. 지금은 존재하지 않는 스타트업이 크게 증가할 것이기 때문입니다. 사업을 시작한 지 한두 해 만에 큰돈을 버는 신생 기업은 거의 없습니다. 그러나 추가적인 정부의 간섭이나 제한이 없어도 이들 신생 기업은 자신들이 스스로 나서서 수십만 개의 새로운 일자리와 새로운 납세자들을 만들어낼 것입니다. 이는 어려운 경제와 높은 실업률에 긍정적인 영향을 미칠 것입니다.

'신생 소기업 촉진법'이나 '신규 창업 및 일자리 법' 같은 이름을 붙이면 민주당도 반대하지 못할 겁니다. 또한 감세, 특히 양도소득세 삭감이 '부자들만을 위한 것'이라는 그들의 반대도 무마할 수 있을 것입니다. 이 정책은 모든 미국인을 위한 것입니다. 평범한 남성과 여성 말입니다.

지금 경제에 긍정적인 도움을 주는 새로운 아이디어로 공세를 취하고 야당과 진보 매체들이 대통령님을 수세에 밀어넣지 못하도록 해야 하는 중요한 이유가 있습니다.

1990년대 기술주 붐을 이끈 시장 선도 종목 중 80퍼센트는 1980년대 양도소득세가 삭감된 후 새로 설립되었고, 이전 8년 안에 상장되었습니다. 델, 선 마이크로시스템즈, 컴팩, 암젠, EMC, 오라클 등이 바로 그런 기업입니다. 이처럼 역사는 대개 지금은 기세가 꺾인 지난 주기의 선도 종목들이 아니라 새로운 선도 종목들이 새로운 강세장을 이끈다는 것을 보여줍니다. 그러나 지금은 미래의 시장 회복을 이끌 신규 상장 기업을 찾아보기 어렵습니다.

워싱턴에 있는 모든 사람들이 주식시장이 현 상태에 이르게 한 진정한 원인이나 그에 대한 해답을 알고 있는지 모르겠습니다. 저는 이 분야에서 45년간 일해왔는데, 제가 지켜본 바로 시장은 경기와 전혀 상관 없는 모습을 보였습니다. 대통령님이 들은 대부분의 조언들이, 즉 경기가 개선된다거나 재고가 줄어든다거나 하는 조언들이 시장에 아무런 영향을 미치지 못한 이유가 바로 여기 있습니다. 우리는 1650년대 튤립 구근 광풍이나 1929년 미국 주식시장과 비슷할 정도로 심리적 영향을 강하게 받는 중요한 역사적 시기를 겪고 있습니다. 그런데 연방준비제도 이사회나 대다수 경제학자들은 이 점을 제대로 이해하지 못하고 있습니다.

1991년부터 2000년 3월의 고점을 지나 현재의 저점에 이른 나스닥 차트를 1921년부터 1929년의 고점을 지나 1932년의 저점에 이른 다우 차트와 겹쳐 보면 거의 비슷한 움직임을 보인다는 사실을 알 수 있습니다. 유일한 차이점은 작년에 나스닥 기술주, 인터넷주, 바이오공학주 부문에서 보인 거세고 무절제한 투기가 1929년 다우지수에 발생한 최후의 투기보다 과했다는 것뿐입니다.

대부분의 미국인은 클린턴 행정부 때인 1990년대 말 버블 시장에 투자했습니다. 그들은 위험을 관리하는 법을 몰랐던 데다 부실한 조언을 따랐기 때문에 50~80퍼센트 손실을 입었습니다. 그래서 지금 현재 여러 대형 뮤추얼펀드의 수급 상황이 나빠지는 바람에 시장은 부담을 받고 있습니다. 기술주 버블 붕괴에 따른 엄청난 피해, 개인투자자들이 입은 막대한 손실,

9·11테러사태 이후 패닉에 빠진 뮤추얼펀드들의 자산 유동화와 추가적인 심리적 피해 및 공포를 종합적으로 검토할 때 회복은 훨씬 느리고 오랜 기간에 걸쳐 이뤄질 것임을 역사는 보여줍니다. 이런 이유로 바로 지금 일반적인 수준을 뛰어넘는 경기 부양책이 필요합니다.

민주당에 일자리 창출 법안으로 여겨질 만한 법안을 안겨주는 대가로 오직 소비자를 대상으로 한 또 다른 적당하고 포괄적인 소득세 삭감을 요청하는 것도 고려해볼 만합니다. 민주당은 재정 적자를 핑계로 반발하겠지만 백악관은 실제 역사적 자료를 내세워 맞서야 합니다. 말씀하신다면 제가 재정 적자에 대한 과도한 우려를 잠재울 수 있는 대여섯 가지 강력한 답변을 제공해드릴 수도 있습니다.

연준은 주택 경기를 회복시키고 부진한 소비자신뢰지수 및 기업신뢰지수를 부양하기 위해 금리를 0.375퍼센트 낮춰서 주식시장을 놀라게 만들어야 합니다.

마지막으로 시장의 지난 역사를 돌아보면 1962년 초 증권거래위원회는 뮤추얼펀드업계를 조사하겠다고 발표했습니다. 이 발표로 시장이 겁을 먹는 바람에 급락이 시작됐습니다. 이후 케네디 대통령이 철강 가격 인상을 철회하면서 주가는 크게 떨어졌습니다. 경기에는 아무 이상이 없었는데도 말입니다. 시장은 불확실성이나 길게 늘어지는 정부 조사에 유연하게 대처하지 못하는 경향이 있습니다.

해저부에서 새로운 경제적 해결책을 밀어붙이고 공격적으로 홍보하지 않으면, 또한 정부 조사와 진보 성향의 비판론자들이 뉴스를 장악하면 11월에 하원을 잃을 수도 있습니다.

대통령님이 원하신다면 기꺼이 대통령님이나 주요 정책결정자들과 만나 앞서 제안한 내용을 논의하겠습니다.

감사합니다.

윌리엄 오닐
회장 겸 설립자

이후 몇 가지 변화가 있었다. 금리는 마침내 다시 인하됐고, 새로운 의회가 들어섰으며, 새로운 경제팀이 구성됐다. 또한 테러 위협이 처리됐고, 이라크와 아프가니스탄에 사는 5000만 명이 혹독한 독재에서 벗어나 자유를 얻었으며, 모든 납세자와 우리 경제를 도울 감세 성장책이 의회를 통과해서 대통령의 서명을 받았다.

2003년에 일반적인 수준을 뛰어넘는 부양책이 필요한 타당한 이유는 또 있었다. 2000년에서 2002년에 걸친 하락장처럼 1973년에서 1974년까지 또는 1929년에서 1932년까지 주식시장에서 오랫동안 심각한 상황이 벌어진 뒤 우리 경제는 더 느리게 회복했으며, 일반적인 수준보다 훨씬 많은 도움을 필요로 했다. 게다가 이번에는 9·11테러사태에 따른 심리적 타격에도 맞서야 했다.

재정 적자는 진정한 문제가 아니었다. 불황과 주기적으로 짧은 전쟁이 벌어지는 동안 재정 적자가 발생하는 것은 일반적이다. 2002년의 GDP 대비 재정 적자 비율은 선을 넘지 않았다. 겨우 1.5퍼센트에 불과했다. 지난 50년 동안의 평균치는 1.9퍼센트였다. 재정 적자에 따른 채무 이행을 위해 우리가 써야 하는 순이자액도 GDP의 1.6퍼센트로 적은 편이었다. 이런 상황에서 재정 적자 논쟁은 근본적으로 유권자들이 감세를 기피하도록 겁을 주거나 동요시키기 위한 정치적 논쟁에 불과했다.

재정 적자 문제를 해결하는 방법은 큰 폭의 감세로 경제에 활력을 불어넣고 덜 필수적인 지출을 줄이는 것이다. 그래야 세수를 늘려서 재정 적자에서 벗어날 수 있다. 실제로 제2차 세계대전 이후 케네디와 레이건 행정부 때 단행된 두 번의 대규모 감세는 정부의 수입을 줄이기는커녕 크게 늘렸다.

양도소득세를 낮출 때도 매번 같은 일이 일어났다. 즉, 양도소득세 세수가 늘어났다. 역설적으로 양도소득세율을 올려서 모두가 소득을 확정하거나 추가적인 위험을 감수하는 것을 막으면 양도소득세가 줄어든다. 현재 양도소득세 부과 대상이 되는 수익을 낸 모든 주식 중 50퍼센트는 보유자들이 세금을 내지 않으려고 해서인지 한 번도 판 적이 없다. 그들은 오랫동안 또는 죽을 때까지 고집스레 해당 주식을 보유하면서 수익에 대한 세금을 전혀 내지 않을 수도 있다. 결국 정부는 다소 아둔한 정책 때문에 뜻하지 않게 그냥 세율을 삭감할 때보다 항상 적은 세수를 거두게 된다. 앨런 그린스펀Alan Greenspan은 양도소득세가 우리 경제의 투자와 성장을 저해하기 때문에 가장 잘못된 세금이라고 여러 번 언급한 바 있다. 근래에 캘리포니아 하원 의원이자 세입위원회 위원장인 빌 토머스Bill Thomas는 양도소득세를 15퍼센트로 낮추는 법안을 발의했다. 새로운 감세안에 포함된 이 법안은 세금 측면에서 미국의 모든 투자자에게 긍정적인 인센티브를 제공할 것이다.

우리는 양도소득세를 15퍼센트로 낮추는 데 적게나마 기여했다고 생각한다. 크리스마스 무렵 빌 토머스는 우리 동료들과 대화를 나누다가 우리가 제안한 내용을 일부 알고 있으며, 그 내용을 담은 법안이 의회를 통과할 가능성이 있다고 언급했다. 11월 중간선거에서 상원 의석이 늘었기 때문이다. 그래서 나는 1월 2일 그에게 2002년 12월 31일 백악관에 보낸 편지의 사본을 보냈다. 그 편지에서 이 문제와 관련된 내용을 소개하면 다음과 같다.

1,500달러의 배당에 면세를 허용하고 소기업에 더 빠른 감가상각을 허용하거나 연구개발비에 대한 세제 혜택을 늘리는 것을 고려해주십시오.

자료 1: 미국의 최고 성장기인 지난 50년 동안 새로운 강세장을 이끌었던 600개 종목의 사례.

이 종목들은 배당을 거의 하지 않았으며, 학계에서 가정하는 부채가 아니라 내부 재원으로 성장했습니다. 80퍼센트는 자산 대비 부채 비율을 줄이거나 부채를 전혀 갖고 있지 않았습니다. 소수는 자사주를 매입했습니다. 이는 초기에 일어난 일로, 이후 1990년대 말에 1만 개 상장 주식 가운데 10~20개 유명 주식에서 발생한 시장의 과잉이나 부정과는 아무 관계가 없습니다.

자료 2: 오래되고 규모가 크며 현상을 유지하고 있는 미국의 주요 기업들은 1980~2000년 일자리를 줄였지만, 미국 전체의 일자리는 3900만 개나 늘었습니다. 직원 수가 500명을 넘어서거나, 인수되어 더 이상 집계되지 않는 소기업들까지 더하면 일자리 창출에서 소기업이 차지하는 비중은 90퍼센트 이상입니다.

제 결론은 양도소득세를 15퍼센트로 낮추는 조치가 배당에 대한 이중과세를 폐지하는 것보다 훨씬 많은 새로운 기업과 일자리를 만들어내고 주식시장과 경제를 더 강하게 만든다는 것입니다. 또한 2항에 따라 만들어진 새로운 소기업의 경우, 장기 보유 주식을 처분할 때 7.5퍼센트의 양도소득세만 내는데, 이는 일자리 창출을 위해 시도할 만한 가치가 충분한 강력한 인센티브입니다.

상원 공화당 원내대표가 모든 감세 규모를 3500억 달러로 제한하기로 합의하고, 3명의 공화당 상원 의원이 재정 적자를 심화시킬 더 큰 감세에 저항하면서 빌 토머스는 현명하게도 대통령의 계획 중 대부분을 보존하는 일몰 조항을 넣고 양도소득세 감세를 추가한 훌륭한 계획을 기초했습니다.

재정 적자 자체가 물가 상승률이나 금리를 높인다는 것은 또 다른 속설에 지나지 않는다. 훨씬 중요한 다른 많은 요소들이 작용해서 재정 적자가 초래하는 모든 부정적 영향을 종종 뛰어넘기 때문이다. 가령 레이건 정부 때는 재정 적자가 늘었지만 물가 상승률과 금리는 해마다 꾸준히 낮아졌다. 레이건이 집권한 초기에 11.8퍼센트였던 물가 상승률은 퇴임 무렵 4.5퍼센트까지 급락했다. 연준 금리도 19.1퍼센트에서 9.1퍼센트로 떨어졌다. 한편 재정 적자에 기여한 대규모 군비 증강, 즉 스타워즈 미사일 방어 체계의 시험, 개발, 전개에 따른 위협은 궁극적으로 경제 기반이 취약하면서도 계속해서 군사적 위협을 가하던 소련의 패배로 이어졌다. 베를린장벽 붕괴는 70년 동안 억압받던 수많은 사람들에게 자유를 안겨주었다. 뒤이은 냉전 종식은 군비 축소를 통한 예산 절감을 가능케 했다. 이는 1990년대에 연방 재정 수지가 다시 흑자로 돌아설 수 있었던 주된 요인이다.

사람들은 정부 재정을 이야기할 때 나라 살림의 부채 측면만 부각시키지 누구도 지난 50년 동안 부채보다 많이 늘어난 정부의 총자산은 계산하거나 생각하거나 이야기하지 않는다. 그런데 부채 수준 자체보다 자산 대비 부채 비율이 더 중요하다.

앞으로 의회는 오랫동안 그랬던 것처럼 양도소득의 장기 보유 기간을 6개월로 줄이는 방법을 고려해야 한다. 그러면 정부에 필요한 세금을 더 빨리 걷을 수 있을 것이다. 또한 사람들이 투자에 나설 큰 인센티브가 생길 것이다.

보다 중요하게, 정말로 주식시장을 부양하고 더 많은 일자리를 만들어내도록 우리 경제의 능력을 개선하고 싶다면 정부와 의회는 내가 2002년 7월 부시 대통령에게 보낸 편지에서 제안한 간단하고 간소화된 새로운 소기업 창업 지원안을 진지하게 고려해보길 권한 다. 부시 대통령은 분명히 나의 제안을 마음에 들어 했다. 그러나 당 시 수석 경제기획관이 보류한 것으로 추측된다. 대신 그는 배당세를 없애기 위한 정책을 만들어 이를 홍보했다. 새로운 소기업의 창업을 촉진하는 강력한 인센티브는 우리 경제와 주식시장을 위한 보험이 되어줄 것이다. 또한 새로운 일자리를 창출하고, 첫 5년 동안 390억 달러의 세수를 늘려줄 것이며, 재정 적자에 아무런 악영향도 미치지 않을 것이다. 개정된 더 간소한 새로운 소기업 및 일자리 창출 법안 의 내용은 다음과 같다.

의회는 (이전에는 없었던) 새로운 소기업을 창업해 최소한 3명 이상 고용하는 경우, 첫 10년 동안 설립자나 임직원이 처분하는 주식이나 지분에 부과하는 새로운 15퍼센트의 정규 양도소득세를 절반으로 감면하는 데 동의해야 한다. 이는 소기업 창업을 크게 늘릴 것이다. 왜 그럴까? 양도소득세를 7.5퍼센트만 내면 되기 때문이다. 35퍼센 트의 최고 소득세율과 새로운 회사를 만들고 키우는 데 따른 장기

소득에 대한 낮은 7.5퍼센트의 낮은 세율 사이의 차이는 더 많은 사람들이 위험을 감수하고 사업에 뛰어들게 만들 것이다.

그에 따라 기대할 수 있는 결과는 첫 해에만 10만 개의 새로운 사업체와 53만 개의 새로운 일자리가 창출이다(신생 소기업의 평균 직원 수인 5.3명 반영). 이 계획을 5년 동안 추진하면 그동안 생긴 36만 6,667개의 새로운 사업체뿐 아니라 보수적으로 잡아서 각각 2만 7000달러의 소득을 올릴 285만 5,000명의 신규 취업자에게 소득세를 걸을 수 있다. 이는 신규 사업체 중 50퍼센트만 5년 동안 생존한다는 가정에 따른 계산이다. 이 무렵이 되면 각 기업은 약 11명의 직원을 두고 13퍼센트의 마진율에 평균 60만 달러의 매출을 올릴 것이다. 게다가 이 스타트업들은 가구, 설비, 비품, 컴퓨터를 구매할 것이다. 또한 사무실을 임대하고, 회계 및 기타 사업 관련 서비스 업체를 고용할 것이다. 경제에 미치는 이런 승수 효과multiplier effect는 위의 계산에 포함되지 않았다.

대기업이 신생 기업의 지분을 소유하고 기존 기업이 신생 기업으로 자산을 이전해서 양도소득세를 회피하지 못하도록 하기 위해선 몇 가지 간단한 규칙이 필요하다. 기본적으로 이 계획이 제공하는 인센티브는 이전에는 존재하지 않았던 새로운 스타트업을 위한 것이다.

신생 기업들 중 1퍼센트는 몇 년 후 상장될 것이다. 그러면 현재 간절히 필요한 1,000개의 혁신적인 신규 상장기업이 우리 주식시장과 경제를 부양하고 다시 활력을 불어넣어줄 것이다. (지금은 신규 상장이 드문 실정이다) 이 프로그램은 정부에 아무런 비용을 초래하지 않으면서도 첫 5년 동안 390억 달러의 추가 세수를 안겨줄 것이다. 그중 162억 5000만 달러는 신생 기업들이 내는 법인소득세에서 나올 것이며, 225억 달러는 신규 취업자들이 내는 개인소득세에서 나올 것이다. 또한 이 프로그램은 취업률이 느리게 증가할 가능성에 대비하는 신중한 수단이 될 것이다.

이 신규 일자리 창출 프로그램은 일반 국민을 대상으로 하는 것이므로 민주당과 공화당 모두에 매력적이다. 양당이 제대로 이해하고 있는지 모르겠지만, 강력한 경기 회복은 그들 모두에게 중대한 문제다. 현 대통령인 조지 부시George W. Bush가 취임했을 때는 불황이 공식적으로 시작되었을 무렵이었다. 클린턴 행정부 때는 주식시장의 버블이 마구잡이로 거세게 부풀다가 마침내 2000년 2월과 3월 버블이 터져버렸다. 또 다시 테러가 일어난다면 경기 회복이 느려질 수도 있다. 우리는 이런 위험을 감수할 수 없다.

실로 과감하고 진보적으로 소기업 창업법을 추진하고 싶다면 따로 지정된 도심의 소수인종 거주 지역 내지 빈곤 지역에서 설립되는 새로운 스타트업의 경우, 사업을 시작한 첫 10년 동안은 창업자가 매각하는 모든 지분에 대한 양도소득세를 면제해줘야 한다. 이러한 조치는 도심지의 실업자들, 특히 활동적인 청년층들에 도움을 줄 뿐 아니라 범죄율 감소로 이어질 것이다. 이 모든 일이 주식시장과 무슨 관계가 있을까? 새로운 기업이 새로운 일자리를 더 많이 만들수록 경제는 더 튼튼해지며, 주식시장의 체력과 지속가능성도 더 강해진다. 다시 긴 불황에 빠지는 것보다는 그런 변화가 훨씬 바람직하다.

결론만 말하자면 이제 당신은 인생을 바꿀 수 있는 매매 규칙과 함께 역사적으로 검증된 시스템과 투자법을 알게 됐다. 아메리칸 드림은 계속될 것이다. 미래의 모든 강세장마다 10여 개 정도의 새로운 훌륭한 시장 선도 종목이 나타날 것이다. 기회는 무한하다. 모든 것은 당신에게 달려 있다. 다만 모든 것을 소화하려면 공부하고 또 공부해야 하기 때문에 쉽지는 않을 것이다. 새로운 기술을 습득하려면 반복이 필요하다. 끝까지 노력할 의지가 있다면 성공적으로 투자하는 기술을 얼마든지 익힐 수 있다. 미국은 실로 모두를 위한 기회의 땅이다.

캔 슬림 접근법으로 성장주를 가려내는 법

· 존 바이코프스키 ·
(AAII의 재무 분석 담당 부사장 겸 《컴퓨터 투자법Computerized Investing》 편집자)

눈길을 끄는 제목을 달고, 기억하기 쉬운 줄임말을 넣고, 사전 분석에 필요한 정보를 제공하는 일간 증권지로 마무리하면 인기 투자 전략에 필요한 요소를 모두 갖추게 된다. 캔 슬림 접근법은 〈인베스터스 비즈니스 데일리〉의 발행인인 윌리엄 오닐이 《주식으로 돈 버는 법How to Make Money in Stocks》에서 제시한 것이다.

《주식으로 돈 버는 법》 2판은 1953~1993년 최고의 상승률을 기록한 500개 대박주를 연구해서 개발한 종목 선정법을 제시했다. 이 책에 소개된 캔 슬림 접근법은 이 대박주들이 큰 폭으로 상승하기 전에 보여준 특징을 토대로 삼는다. 근래에 오닐은 분석 대상을 1953년부터 2001년까지 강력한 상승세를 보인 600개 기업으로 확대했으며, 선정 요건을 다수 수정했다. 《주식으로 돈 버는 법》 3판은 2003년 출간되었으며, 개정된 캔 슬림 규칙을 제시한다(〈표 A.1〉 참고). 이 글은 근래에 바뀐 점과 AAII의 종목 선정 시스템인 스톡 인베스터 프로^{Stock Investor Pro}를 통한 활용법을 중점으로 캔 슬림 접근법을 소개할 것이다. 참고로 〈컴퓨터 투자법^{Computerized Investing}〉 2, 3월호에 인터넷 종목 선정 시스템을 통해 캔 슬림 접근법을 활용하는 방법이 나와 있다.

캔 슬림 접근법의 개요

캔 슬림 접근법은 강한 상대강도 및 주요 기관의 지원과 더불어 검증된 분기, 연간 이익과 매출 기록을 가진 기업들을 찾는다. 오닐은 유망한 종목에 충분한 프리미엄을 지불하는 것을 꺼리지 않는다. 그는 주가수익비율이 낮은 주식을 찾는 대다수 전략에 문제가 있다고 생각한다. 주가수익비율을 결정하는 가격 추세뿐 아니라 이면에서 그 비율을 만드는 이익의 질을 무시하기 때문이다. 오닐은 또한 주식은 대체로 그 가치에 맞는 가격에 팔리며, 주가수익비율이 낮은 대다수 주식 역시 시장이 정확하게 가격을 책정했을 가능성이 높다고 믿는다. 아울러 시장을 면밀히 주시하다가 약세장이 시작되면 주식의 비중을 줄여야 한다고 주장한다.

C = 현 분기 이익

캔 슬림 접근법은 이익이 증가했다는 검증된 기록이 존재하며, 아직 이익이 증가하고 있는 단계에 있는 기업들에 초점을 맞춘다. 소위 대박주에 대한 오닐의 연구는 해당 주식들이 대체로 큰 폭의

표 A.1 캔 슬림CAN SLIM 규칙 수정 내용

3판	2판과의 비교
C = 현 분기 주당순이익: 높을수록 좋음	
핵심 요소 • 전년 동기 대비 분기 주당순이익이 큰 폭으로 (최소 18~20퍼센트로) 증가해야 한다.	2판과 동일
• 특이한 일회성 상승은 배제한다.	2판과 동일
• 분기 이익 상승률 증가 속도가 빨라져야 한다.	2판과 동일
부가 요소 • 지난 3분기 동안 분기 매출이 25퍼센트 증가하거나 최소한 증가 속도가 빨라져야 한다.	3판에 새로 추가
• 같은 산업군에서 강한 분기 매출 증가율을 보이는 다른 주식이 하나 이상 있어야 한다.	2판과 동일
A = 연이익 증가: 큰 상승률 필요	
핵심 요소 • 주당순이익 연 누적 증가율이 최소 25퍼센트 이상 되어야 한다.	주당순이익 연 누적 증가율이 지난 4~5년 동안 최소 25퍼센트 이상 되어야 한다.
• 지난 3년 동안 매해 주당순이익이 큰 폭 증가해야 한다.	지난 5년 동안 매해 주당순이익이 전년 이익보다 증가해야 한다.
부가 요소 • 전반적인 내년 이익 추정치가 올해보다 늘어나야 한다.	2판과 동일
• 자기자본이익률이 17퍼센트 이상이어야 한다.	3판에 새로 추가
• 연 주당 현금흐름이 실제 주당순이익보다 최소 20퍼센트 이상 많아야 한다.	3판에 새로 추가
• 지난 3년 동안 매해 이익이 안정적이고 꾸준해야 한다.	지난 5년 동안 매해 이익이 안정적이고 꾸준해야 한다.

N = 새로운 제품, 새로운 경영진, 새로운 고점: 적기에 매수	
핵심 요소 ● 중요한 새로운 제품 및 서비스가 나오거나 새로운 경영진이 들어서거나 업계에 긍정적인 변화가 있는 기업을 찾아라.	2판과 동일
부가 요소 ● 일정 기간 횡보한 이후 주가가 신고점 부근까지 오르거나 신고점을 기록한 주식을 찾아라.	2판과 동일
● 주가 상승 시 거래량이 증가해야 한다.	2판과 동일

S = 수요와 공급: 유통 주식 수 + 대규모 수요	
핵심 요소 ● 캔 슬림 시스템에서는 어떤 규모의 주식도 매수할 수 있다.	다른 조건이 동일한 경우 유통 주식 수가 적거나 적정한 주식이 대개 더 오래되고 시가총액이 큰 주식보다 많이 상승한다.
● 시간이 지남에 따라 시장의 초점은 소형주와 대형주 사이를 오간다.	
● 두 종목 중 하나를 선택할 때 주식 수가 적은 종목은 더 빠르게 상승할 수 있지만 그만큼 빠르게 하락할 수도 있다.	2판에서는 실거래 주식 수가 한정된 종목에 더 큰 방점을 찍었다.
부가 요소 ● 최고경영진의 지분 비중이 큰 주식은 대체로 유망하다.	2판과 동일
● 공개시장에서 자사주를 매입하는 종목을 찾아라.	2판과 동일
● 자산 대비 부채 비율이 낮고 지난 몇 년 동안 이 비율을 낮춘 기업을 찾아라.	2판과 동일

3판	2판과의 비교
L = 선도 종목 또는 부진 종목: 당신의 주식은 어느 쪽인가?	

핵심 요소	• 강한 산업군에 속한 상위 두세 개 종목을 매수하라.	2판과 동일
	• 상대강도를 활용해서 선도 종목과 부진 종목을 구분하라. 상대강도 순위가 70퍼센트 이하인 주식은 부진 종목으로, 피해야 한다.	2판과 동일
부가 요소	• 상대강도 순위가 80퍼센트 이상이며 차트에서 바닥을 다지고 있는 종목을 찾아라.	2판과 동일하지만 3판에서는 상대강도 순위가 80퍼센트 이상인 주식으로 매수 범위를 한정할 것을 더 강조했다.
	• 시장이 조정 받는 동안 평균 상승률을 밑도는 주식은 매수하지 마라.	2판과 동일

I = 기관투자자의 후원 선도를 따르라	

핵심 요소	• 여러 기관투자자들이 보유한 주식을 찾아라. 10개가 적절한 최소 기준이다.	2판과 동일
	• 양질의 보유자, 최소한 한두 명의 유능한 포트폴리오 매니저가 보유한 주식을 찾아라.	2판과 동일
	• 후원자의 수가 줄어드는 것이 아니라 늘어나는 주식을 찾아라.	2판과 동일
부가 요소	• 기관투자자들이 과도한 비중을 차지하는 종목은 피하라.	2판과 동일

M = 시장 동향		
핵심 요소	● 추세에 맞서는 것은 매우 어려운 일이다. 강세 장인지 약세장인지 파악하라.	2판과 동일
	● 매일 지수 동향을 파악하고 이해하라.	2판과 동일
	● 시장이 고점을 찍고 주요한 반전을 시작할 때 25 퍼센트 정도는 현금으로 확보하려고 노력하라.	2판과 동일
	● 큰 폭의 주가 상승 없이 대규모 거래량이 나오 는 것은 고점 신호일 수 있으며, 하락 초기에는 거래량이 줄어들 수 있다.	2판과 동일
	● 선도 종목의 동향을 파악해 시장의 강도에 대 한 단서로 삼아라.	2판과 동일
부가 요소	● 큰 변곡점에서 주요 평균 지수의 괴리를 확인 하라. 괴리는 약하고 좁은 변동을 가리킨다.	2판과 동일
	● 심리 지표는 극단적인 심리적 전환점을 부각시 키는 데 도움을 준다.	2판과 동일
	● 할인율 변화는 시장 변동을 확정하는 소중한 지표로, 주시할 필요가 있다.	2판과 동일

주가 상승이 이뤄지기 이전에 분기별 주당순이익이 크게 증가했음을 보여준다.

오닐은 전년 동기 대비 분기 이익이 최소한 18~20퍼센트 증가한 종목을 찾으라고 권한다. 분기별로 이익이 얼마나 증가했는지 조사할 때는 전년 동기와 비교하는 것이 중요하다. 다시 말해서 올해 2분기는 작년 2분기와 비교해야 한다. 많은 기업들의 이익이 분기별 패턴을 보이는데, 같은 분기를 비교해야 이 점을 반영할 수 있기 때문이다.

증가폭을 조사할 때 주의해야 할 또 다른 점은 밑수base number가 너무 작으면 의미 없는 수치가 나올 수 있다는 것이다. 가령 이익이 1페니에서 10센트로 증가하면 상승폭이 900퍼센트다. 상승폭은 기록적인 수준이지만, 실제 자본 수치에는 큰 의미를 두기 어렵다. 선별 대상 기업이 올린 이익의 기본 수치를 확인하라. 그러면 이익의 전반적인 추세와 안정성뿐 아니라 매출과 현금흐름 같은 다른 항목도 측정할 수 있다.

이익을 분석할 때 특이한 수치가 나온 분기는 어떻게 처리해야 할까? 일회성 기록은 이익의 실질적인 추세를 왜곡하고, 특이한 수치가 없는 기업과 비교해서 해당 기업의 실적이 더 좋아 보이거나 나빠 보이게 만든다. 오닐은 이런 일회성 항목을 분석에서 제외할 것을 권한다.

첫 선별 기준에 따르면 분기 이익 증가율이 20퍼센트 이상이어야 하고, 현 분기 영업활동에 따른 주당순이익이 양수여야 한다. 우리는 스톡 인베스터 프로Stock Investor Pro를 활용해 2003년 3월 14일 기준 데이터로 종목을 선별했다. 그 결과, 8,428개 종목 중에서 이 두 요건을 충족한 종목은 2,343개뿐이었다.

오닐은 높은 분기별 증가율에 더해 증가율이 상승하는 것을 선호한다. 분기 주당순이익 증가율이 상승하는 것은 캔 슬림 시스템에서 대단히 중요한 사안이다. 그래서 오닐은 주주들에게 2분기 연속 증가율이 감소한 주식은 매도할 것을 고려해야 한다고 경고한다. 다음 선별 기준은 전년 동기 대비 최근 분기의 이익 증가율이 전년보다 높아야 한다는 것이다. 이 기준을 적용한 결과, 합격 기업의 수는 1,556개로 줄어들었다.

오닐은 분기 이익을 토대로 한 선별을 확정하는 요소로서 동기 대비 매출 증가율이 25퍼센트 이상이거나 최소한 지난 3분기 동안 증가율이 상승하는 것을 선호한다. 이 새로운 선별 요건은 오닐의 책 3판에서 추가되었으며, 이익의 질을 확정하는데 도움을 준다. 이 기준만 놓고 보면 3,647개 종목이 25퍼센트 이상의 현 분기 매출 증가율을 기록했지만 다른 선별 요건까지 더하면 합격 기업의 수는 393개로 줄어든다.

캔 슬림 시스템은 완벽하게 기계적이지 않다. 오닐은 동일 산업군에 속한 다른 주식 중 적어도 하나가 높은 분기 이익 상승률을 기록해서 해당 산업 전체가 상승세임을 확인하는 것을 선호한다.

A = 연이익 증가율

오닐이 연구한 대박주들은 연이익이 꾸준히, 크게 오른 데 더하여 당해 이익도 견실했다. 연이익 증가율에 대한 오닐의 핵심 선별 기준은 주당순이익이 지난 3년 동안 매해 증가해야 한다는 것이다. 이 기준은 지난 5년 동안 매해 증가해야 한다는 이전 판의 기준보다 조금 느슨해진 것이다.

우리는 스톡 인베스터 프로에 이 선별 기준을 적용할 때 전년 대비 영업활동에 따른 주당순이익이 해마다 증가해야 한다고 설정했다. 또한 근래의 추세 반전에 대비하기 위해 지난 12개월에 걸친 이익이 최근 회계연도의 이익과 같거나 그 이상이어야 한다는 요건을 포함시켰다. 이 기준을 적용하자 795개 기업이 통과했다. 더 엄격한 2판의 기준을 적용한 경우에는 통과한 기업 수가 469개 기업에 불과했다. 또한 지난 3년 동안 해마다 전년 대비 이익이 증가해야 한다는 기준을 추가하자 합격한 기업이 60개뿐이었다. 지난 몇 년 동안의 경제 환경을 고려하면 이는 놀라운 일이 아니다.

오닐은 지난 3년 동안 연 25퍼센트 정도의 높은 증가율을 기록한 기업을 선별할 것을 권한다. 이 기준에 따라 추가로 걸러지는 기업은 6개뿐이었다. 전년 대비 꾸준한 증가율을 기록해야 한다는 엄격한 요건을 고려하면 충분히 예상할 수 있는 일이다.

최적의 경우로는 다음 해에 대한 컨센서스consensus(여러 증권사의 애널리스트들이 제시한 수치의 평균-옮긴이) 이익 추정치가 최근 연도의 수

치보다 높아야 한다. 이 기준을 추가하자 합격 기업의 수가 39개로 줄어들었다. 컨센서스 이익 추정치를 참고할 경우 규모가 크고 활발하게 영업하는 증권사만이 이익 증가율을 추적하고, 추정치를 제공할 애널리스트를 둔다는 사실을 기억해야 한다. 스톡 인베스터 프로에서 관리하는 종목 중에서 컨센서스 이익 추정치가 제시되는 종목은 대충 절반 정도다. 이 기준은 소형주를 걸러내는 역할도 한다.

캔 슬림 선별 기준에 추가할 수 있는 또 다른 요건은 높은 자기자본이익률(ROE, 순이익을 주주지분으로 나눈 것)이다. 오닐의 연구는 최고의 대박주들이 최소 17퍼센트의 자기자본이익률을 기록했음을 보여준다. 오닐은 이 척도로 잘 경영되는 기업과 부실하게 경영되는 기업을 구분했다. 이 기준을 추가했더니 합격 기업이 39개에서 19개로 줄어들었다. 지난 5년간의 데이터를 검증한 결과, 이 요건은 종종 합격 기업을 아주 소수로 만들었으며, 2001년 이후 수익률을 저해한다는 사실이 드러났다. 그래서 개정된 선별 기준에선 자기자본이익률을 고려하지 않는다.

N = 새로운 제품, 새로운 경영진, 새로운 고점

오닐은 주가가 강하게 상승하려면 촉매가 필요하다고 생각한다. 그는 연구를 통해 대박주 중 95퍼센트는 펀더멘털 측면에서 일종의 불꽃이 일어나 추진력을 얻었다는 사실을 확인했다. 이 촉매는 새로운 제품이나 서비스일 수도 있고, 부진한 실적이 이어진 후 들어선

새로운 경영진일 수도 있고, 신기술을 통해 소속 산업에 발생한 구
조적 변화일 수도 있다. 이는 쉽게 선별하기 어려운 매우 정성적인
qualitative 요소다.

오닐이 강조한 두 번째 고려 사항은 강한 상승세다. 오닐은 주가
가 너무 높거나 위험해 보이는 주식은 오히려 더 높이 상승하는 경
우가 많은 반면 저렴해 보이는 주식은 더 떨어지는 경우가 많다고
지적했다. 거래량이 대규모 증가하는 가운데 신고점을 찍은 주식은
검토해볼 만한 가치가 있다. 한동안 가격 조정과 횡보를 거친 후 신
고점을 찍은 주식은 특히 흥미롭다.

오닐이 발행하는 증권지인 〈인베스터스 비즈니스 데일리〉는 52
주 신고가의 10퍼센트 안으로 들어온 종목들을 보여준다. 이는 종
목을 선별하기 위한 요건이다. 이 기준을 적용하면 강세장에서는 많
은 기업이 합격하고 하락장에서는 소수의 기업만 합격할 것이라고
쉽게 예상할 수 있다. 2003년 초가 약세장이었음을 감안할 때 이 기
준을 추가하면 합격 기업이 39개에서 4개로 줄어드는 것은 놀라운
일이 아니다. 2003년 3월 14일 기준으로 8,428개 종목 중 1,037개가
52주 신고가의 10퍼센트 안에서 거래됐다.

S = 수요와 공급

오닐우 이전 판에서 시가총액이 작은 종목들을 강조했다. 반면 3
판에서는 캔 슬림 접근법을 통해 어떤 규모의 주식이든 매수할 수

있지만 소형주의 경우 양방향에서 모두 급격한 변동에 취약하다는 점을 언급했다. 한편 공개시장에서 자사주를 매입하는 기업은 선호 대상으로 꼽혔다. 경영진이 지분을 보유한 기업도 마찬가지다. 현재 캔 슬림 시스템의 S 부분에 명시된 확실한 선별 기준은 없다. 다만 〈표 A.1〉을 통해 합격 기업을 분석할 때 고려할 몇 가지 요소들을 제시한다.

L = 선도 종목 또는 부진 종목

오닐은 성장할 가능성이 충분하지만 현재 저평가돼 있는 인기 없는 주식을 찾아내 시장이 그 가치를 인정해줄 때까지 끈기 있게 기다리는 가치투자자가 아니다. 그보다는 빠르게 성장하는 산업 부문에서 시장을 선도하며 빠르게 성장하는 기업을 선호한다. 오닐은 한 산업군에서 상위를 차지하는 두세 개 기업을 매수할 것을 권한다. 그는 선도하는 종목들을 매수하기 위해 지불하는 프리미엄은 훨씬 높은 상승률로 보상받을 수 있다고 생각한다.

오닐은 상대강도를 활용해서 시장 선도 종목을 파악할 것을 권한다. 상대강도는 전체 시장과 특정 종목의 상승률을 비교한다. 상대강도는 여러 방식으로 표시되기 때문에 해당 선별 시스템에서 상대강도 수치를 어떻게 활용하는지 알아야 한다.

대개 주어진 기간 동안 기록한 주가 상승률을 토대로 기업들의 순위가 매겨진다. 또한 전체 주식 중에서 차지하는 퍼센트 순위는 다른 주식에 대비해서 해당 주식의 상대적 위치를 보여준다. 〈인베스터스 비즈니스 데일리〉는 이런 퍼센트 순위를 제시한다. 오닐은 상대강도 순위가 70퍼센트 이하인 주식은 피하고 80퍼센트 이상인 주식만 살펴볼 것을 권한다. 상대강도 순위가 80퍼센트 이상이라는 것은 전체 주식 중 80퍼센트보다 상승률이 높다는 뜻이다. 1,680개 종목(8,428×20%)만 52주 상대강도 순위가 80퍼센트 이상인데, 이 기준을 적용해도 합격 기업의 수는 더 줄어들지 않았다. 선별 당시 시장 환경에서는 52주 고점 대비 주가 기준이 주가 강도 측면에서 더 엄격한 것으로 드러났다.

I = 기관투자자의 후원

오닐은 주식이 시장수익률을 상회하려면 기관투자자들의 후원이 있어야 한다고 생각한다. 적절한 최소 수치는 10개 정도다. 여기서 후원자는 해당 종목을 살피면서 이익 추정치를 제시하는 애널리스트가 아니라 보통주를 실제로 보유한 기관투자자를 가리킨다.

오닐은 기관투자자의 숫자만 볼 것이 아니라 그들이 근래에 올린 실적도 살필 것을 권한다. 성공적인 뮤추얼펀드의 보유 종목 현황은 그 정보가 폭넓게 공개되어 있으므로 개인투자자들에게 아주 좋은 자료다. 모닝스타닷컴이나 CNBC의 MSN머니는 특정 종목을 보유한 정상급 뮤추얼펀드를 공개하고 있다.

다음 기준은 기관투자자가 최소 10개 이상일 것을 요구한다. 약

5,550개 종목이 이 기준을 통과했다. 스톡 인베스트 프로에 이 기준을 더해도 추가로 걸러지는 종목은 없었다.

오닐은 또한 최근 분기에 기관투자자 수가 늘어난 주식을 선호한다. 스톡 인베스트 프로는 여러 기간에 걸친 기관투자자의 수를 보여주지 않는 대신 지난 분기에 기관투자자들이 매매한 주식의 수를 알려준다. 우리의 마지막 기준은 기관투자자들이 마지막 분기에 매수한 주식 수가 매도한 주식 수보다 많거나 그것과 같아야 한다는 것이다. 이 기준은 〈표 A. 2〉에서 보듯이 합격 주식의 수를 줄이지 않았다.

캔 슬림 수익률

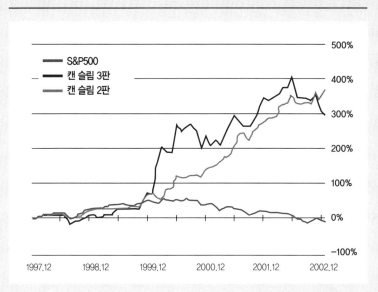

표 A.2 캔 슬림 기준을 통과한 기업들

기업 (거래소·종목명)	전년 대비 최근 분기 주당순이익 증가율 (%)	전년 대비 이전 분기 주당순이익 증가율 (%)	전년 대비 최근 분기 매출 증가율 (%)	연 주당순이익 증가율 (3년) (%)	장기 주당순이익 증가율 추정치 (%)	52주 고점 대비 주가 수준 (%)	52주 상대강도 순위 (%)	기관 투자자 (개)	기관투자자 순매수 (1000주)	설명
3판 캔 슬림 기준 선별 기업										
아폴로 그룹Apollo Group, Inc (M: APOL)	72.2	50.0	35.4	37.8	24.3	99	93	1142	6126	성인 고등교육
FTI 컨설팅FTI Consulting, Inc (N: FCN)	192.3	53.3	91.4	36.7	21.0	95	94	384	2005	자문사
인터내셔널 게임 테크 International Game Tech (N: IGT)	42.3	10.8	76.4	70.5	17.3	97	88	980	2102	카지노 게임기
테바 파마소티컬 인더스트리 Teva Pharmaceutical Indus (M: TEVA)	73.3	20.0	35.8	49.9	23.8	95	91	942	11210	대형 제약사
2판 캔 슬림 기준 선별 기업										
커머셜 뱅크셰어즈 Commercial Bankshares (M: CLBK)	30.0	28.2	-3.2	16.0	8.0	96	94	27	21	은행 지주주사
오시코시 트럭 코퍼레이션 Oshkosh Truck Corporation (N: OSK)	28.8	-3.8	17.9	13.1	15.9	90	76	383	-121	특수 트럭

N: 뉴욕증권거래소
M: 나스닥 전국 시장 또는 소형주 시장
통계치는 2003년 3월 14일 데이터 기준.

M = 시장 동향

캔 슬림 시스템의 마지막 측면은 전반적인 시장 동향을 살핀다. 이 기준은 구체적인 종목 선정에 영향을 미치지는 않는다. 그러나 전반적인 시장의 추세는 포트폴리오의 수익률에 엄청난 영향을 미친다. 오닐은 시장의 전반적인 동향을 판단할 때 기술적 척도에 초점을 맞추는 편이다. 좋은 기술적 분석 프로그램이나 웹사이트 또는 〈인베스터스 비즈니스 데일리〉는 시장 동향을 살피는 데 필요한 도구를 제공한다.

오닐은 추세에 맞서는 것은 어려운 일이라고 생각한다. 따라서 강세장인지 약세장인지 판단하는 것이 중요하다. 〈표 A.1〉은 오닐이 시장의 강도를 측정할 때 고려하는 요소들을 보여준다.

선별 결과

〈표 A.2〉는 오닐의 책 2판과 3판에서 제시된 규칙에 대한 우리의 해석을 토대로 캔 슬림 선별 기준을 통과한 기업들을 보여준다.

3판의 기준을 통과한 기업은 4개이고, 2판의 기준을 통과한 기업은 2개뿐이다. 이는 사실 일반적인 패턴과는 상반된 결과다. 우리는 1997년 12월부터 2003년 3월까지 데이터에 월별로 2판과 3판의 선별 기준을 적용해보았다. 그 결과, 3판의 기준을 통과한 종목은 월

평균 5개인 반면 2판의 기준을 통과한 종목은 월평균 12개였다. 이 기간 동안 최대 32개 종목이 2판의 기준을 통과한 반면 3판의 기준을 통과한 종목은 최대 15개였다. 3판의 기준을 통과한 종목은 하나도 없는 반면 2판의 기준을 통과한 종목은 겨우 1개인 경우도 세 번 있었다.

이처럼 적은 샘플로 결론을 도출하기는 어려운 일이다. 그러나 3판의 기준을 통과한 종목들은 규모가 크고, 기관투자자들이 많이 보유하고 있고, 분기 매출과 이익 증가율이 높으며, 연 이익 증가율의 과거 기록과 향후 전망이 우수한 게 확실한 사실이다.

우리는 지금까지 5년 동안 폭넓게 선별 시스템의 성과를 검증했다. 캔 슬림 접근법에 대한 우리의 해석에 따르면, 강세장과 약세장 모두에서 가장 일관되고 높은 수익률을 올린 것으로 증명되었다. 〈그림 A.1〉은 개정된 캔 슬림 접근법에 대한 초기 검증 결과를 간략하게 보여준다. 개정된 접근법은 약간 더 변동성이 강한 것으로 드러났다. 그래서 1990년대 말의 강세장에서 더 높고 빠르게 상승한 후 근래의 약세장에서는 선두를 내주었다. 두 전략은 모두 'AAII. com'의 주식 선별 부문뿐 아니라 〈AAII 저널〉의 반기 전략 검토에서도 그 실적을 확인할 수 있다.

결론

캔 슬림 시스템은 성장주를 찾는 적극적 투자자에게 큰 매력을 지닌다. 이 접근법은 구체적인 종목을 다루지만 시장의 동향을 해석할 때는 투자 기술도 강조한다. 우리는 여기서 유망한 종목을 파악하는 데 도움을 주는 캔 슬림 규칙들을 다뤘다. 다만, 컴퓨터 화면에 나오는 아이디어는 행동하기 전에 추가적인 분석이 필요한 출발점일 뿐임을 명심해야 한다.

* 데이터 출처: AAII의 스톡 인베스터 프로/마켓 가이드Market Guide와 I/B/E/S.

캔 슬림에 대한 모든 것

다음은 《주식으로 돈 버는 법》1, 2, 3판과 수만 명의 진지한 투자자들이 참석한 IBD의 여러 유료 워크숍에서 가르치는 캔 슬림 접근법의 개요다.

C = 현 분기 주당순이익

현 분기 주당순이익이 최소 18~20퍼센트 올라야 하며, 근래 분기 상승률 증가 속도가 빨라야 한다. 지난 50년 동안 모든 대박주의 현 분기 이익 증가율은 평균 70퍼센트였다. 최고의 대박주는 100~200퍼센트의 증가율을 기록했다. 주가수익비율은 우월한 수익률의 원인이 아니라 우수하고 계속 좋아지는 이익과 매출 증가율에 따른 최종 효과 내지 결과인 것으로 확인됐다. 지난 반 세기 동안 매해 최고의 상승률을 기록한 주식의 주가수익비율은 시장 지수의 주가수익비율보다 높았다. 이들 개별 주식의 주가수익비율은 탁월한 실적을 거둬 해당 기업의 이익과 매출이 계속 늘어남에 따라 크게 올라갔다. 이익이 5개 분기에서 7개 분기 연속 크게 늘어난 기업이 가장 믿을 만했다. 지난 50년간 성공 기업의 모든 변수에 대한 과학적 연구를 실시한 결과 알게 된 사실과 결론은 사실상 월가의 모든 펀더멘털 조사가 오랫동안 이뤄져온 방식뿐 아니라 다른 전국 경제지들이 과거부터 믿어온 내용과 상반된다는 것이다.

(평균 이상의 주가수익비율은 대개 너무 높은 것으로 간주되었으며, 주가수익비율이 오르면 해당 종목에 대한 평가가 하향 조정되거나 추천이 기피되거나 매도됐다. 그러다가 나중에 주가가 마침내 고점을 찍고 주가수익비율이 내려가면 많은 경우 보유나 매수 대상으로 추천됐다. 이런 양상은 주식 방송이나 조사 리포트 또는 명망 높은 특정 전국 경제지에서 내놓는 강력한 의견이나 공격을 뒷받침하기 위해 일부 애널리스트들이 추천한 내용을 따르면 큰돈을 잃기도 하는 이유를 어느 정도 설명해준다. 이런 공격은 대개 어떤 기업을 흔들어서 주식 매도를 유발하고, 순전히 주가수익비율이 너무 높다는 해당 매체의 의견을 토대로 주가를 낮추기 위해 기획된다.)

A = 연 주당순이익

연 주당순이익은 이전 3년 동안 해마다 증가해야 한다. 연 증가율은 25퍼센트에서 많게는 250퍼센트 이상으로 다양하다. 또한 연 세전 이익률이나 연 자기자본이익률 중 하나가 증가해야 한다. 자기자본이익률은 17퍼센트 이상이어야 한다. 최고의 기업들은 대개 20퍼센트에서 50퍼센트 이상의 자기자본이익률을 기록했다. 다음 해에 대한 컨센서스 이익 추정치도 상당한 폭으로 올라야 한다.

(참고: IBD의 독자적인 주당순이익 점수는 각 기업의 3년 이익 증가율과 최근 분기 이익 증가율을 통합한 것이다. 이 점수는 IBD의 일간 주식표와 데일리 그래프 차트에서 확인할 수 있다.)

N = 새로운 제품, 서비스, 새로운 경영진, 새로운 산업 여건

성공 기업 중 다수는 근래에 또는 지난 10년 사이에 상장된 신생 기업일 수 있다. 차트를 보다가 해당 종목이 7주 이상 형성한 견실한 바닥 패턴에서 벗어나기 시작해 적절한 매수점에 이르면 매수하라. 정확한 매수점은 당해 신고점의 10퍼센트에서 15퍼센트 지점이거나 그 이내일 것이다. 매수점에서 당일 거래량은 일평균 거래량의 50퍼센트 이상 늘어나야 한다. 매수가에서 주가가 2퍼센트나 3퍼센트 오르면 더 작은 규모로 추가 매수하라. 모든 매수는 매수점에서 처음 5퍼센트 상승할 때까지로 제한해야 한다. 한편, 매수가에서 7퍼센트 아래로 떨어진 주식은 매도해서 손실을 줄여야 한다. 그래야 포트폴리오가 훨씬 크고 심각한 타격을 입을 가능성을 차단할 수 있다. (거액을 잃은 투자자들은 이미 검증된 이 중요한 캔 슬림 손절 규칙을 따르지 않았다.)

S = 수요와 공급

이 요건은 유통 주식 수 및 대규모 매수세와 관련 있다. 캔 슬림 투자법에 따르면 어떤 규모의 주식이든 매수할 수 있다. 소형주는 상승률이 높지만 변동성이 강해서 상승할 때만큼 빠르게 하락한다. 경영진이 지분을 보유하거나 공개시장에서 자사주를 매입하는 주식은 선호 대상이다. IBD의 주식표와 데일리 그래프 일간 차트를 통해 각 보유 종목의 거래량 변화율을 보고 수요를 확인하라.

L = 선도 종목 또는 부진 종목

197개 산업군 중 상승세가 강한 10~15개 산업군에 속한 최상위 2~3개 종목을 집중적으로 매수하라. 상대강도점수가 70점 이하인 종목은 피하고, 견실한 바닥 패턴을 만든 80점 이상의 종목을 집중 매수하라. 또한 해당 기업은 연이익 증가율, 매출 증가율, 세전 및 세후 이윤율, 자기자본이익률, 품질 측면에서 특정 부문 또는 산업의 1위여야 한다. 펀더멘털 측면뿐만 아니라 주가 및 거래량 변동까지 최고인, 정말로 좋은 기업의 주식을 매수해야 한다. 부진하고 상승률이 나쁜 종목은 매도하라.

I = 기관의 후원

매수하는 모든 종목은 기관 보유 비중이 최소 25퍼센트 이상으로 양호한 기관의 후원을 받아야 한다. 그 이유는 뮤추얼펀드들이 엄청난 규모의 매수로 주가를 크게 움직일 수 있기 때문이다. 당신의 종목을 보유한 뮤추얼펀드의 수가 최근 몇 분기 동안 계속 늘어나야 한다. 관련 데이터는 IBD와 데일리 그래프에서 확인할 수 있다.

또한 똑똑하고 높은 수익률을 올리는 뮤추얼펀드들이 이전 분기에 해당 종목을 매수했어야 한다. 당신이 구할 수 있는 데이터가 뮤추얼펀드의 보고 기간보다 여러 주 뒤에 나오더라도 여전히 가치 있다. 뮤추얼펀드의 보유 여부는 펀더멘털 측면에서 중요한 척도다. 대다수 뮤추얼펀드는 해당 기업을 분석해서 펀더멘털이 견실하다고 믿기 전까지는 매수하지 않기 때문이다. 뮤추얼펀드는 지지세나 시장성이 부실하거나 실적이 의심스러운 저가, 저질, 저급 주식은 매수하지 않는다.

다만 뮤추얼펀드가 매수했다고 해서 무작정 따라 사서는 안 된다. 그들도 당신이 과거에 그랬던 것처럼 많은 실수를 저지를 뿐 아니라 상승률이 미미한 종목을 매수하는 경우도 있기 때문이다. 뮤추얼펀드가 보유한 주식 중에서 효과가 검증된 캔 슬림 규칙의 모든 측면에 해당되는 최고의 주식만 매수해야 한다.

탁월한 성공을 거두기 위해 일간 및 주간 주가, 거래량 변동을 분석하는 것이 중요한 이유가 바로 여기 있다. 훈련을 통해 그 같은 능력을 습득하면 전문투자자나 기관투자자들이 매집하는 중인지, 언제가 매수를 시작할 적기인지 알 수 있다. 대다수 아마추어 투자자, 비판과 냉소를 일삼는 사람들, 그리고 많은 대학 교수들은 이 모든 것들을 이해하지 못한다. 그래서 그들은 대개 주식시장에 투자해도 크게 성공하지 못한다. N, I, M은 전체 투자자의 95퍼센트가 과소평가하고 제대로 이해하지 못하는 캔 슬림 투자법의 요소들이다.

M = 시장 동향

언제 새로운 주요 상승세가 시작되는지 또는 언제 시장이 고점을 찍고 심각한 조정 국면이나 주요 약세장에 접어드는지 알고 싶다면 매일 주요 지수의 주가 및 거래량 차트를 확인하고 정확하게 해석할 줄 알아야 한다. 2000년에서 2002년에 이르는 약세장에서 전체 투자자의 98퍼센트가 이런 능력이나 지식이 없어서 큰 타격을 입었다.

지수가 왜 그렇게 중요할까? 주요 지수가 고점을 찍고 반전하면 당신이 보유한 4개 종목 중 3개 종목이 조만간 그 뒤를 따를 것이며, 대부분 퍼센트 기준으로 지수보다 많이 하락할 수 있기 때문이다.

IBD의 '전체 시장General Market' 페이지를 살피고 매일 전체 시장을 해석해주는 '빅 픽처' 칼럼을 읽어라. 이들 자료를 눈여겨본 사람들은 2000년 3월에 주식을 처분하거나 현금 비중을 크게 늘려서 자신을 보호할 수 있었다. 핵심 지수의 저점을 알려주는 팔로 스루나 고점을 알려주는 분산일을 파악하는 법을 익혀라. 시장 선도 종목들이 언제 고점을 찍는지 알려주는 매도 규칙을 이해하는 것도 대단히 중요하다. 이는 전체 시장의 고점을 파악할 수 있는 또 다른 방법이기 때문이다. 개인적인 의견이나 감정에 귀를 기울이는 일은 아무런 가치가 없으며, 오히려 주요 지점에서 과도한 피해를 초래할 수 있다.

7단계를 모두 거치고 세심하게 관찰할 때 캔 슬림이 대단한 효과를 발휘하는 이유는 순전히 지난 50년 동안 시장이 매 주기마다 작동하는 양상을 꼼꼼하게 연구한 결과를 바탕으로 하기 때문이다. 다시 말해서, 캔 슬림은 나 개인의 시스템이나 대다수 사람들이 가정하는 시장의 작동 양상이 아니라 현실적인 작동 양상을 반영한 역사다. 캔 슬림의 단계를 하나라도 간과하면 투자 실적에 타격을 입을 수밖에 없다. 일곱 가지 핵심 요소를 모두 통합해야만 진정한 성공을 이룰 수 있다. 이를 테니스에 비유해보면, 포어핸드forehand만 잘해서는 승리를 기대할 수 없다. 백핸드backhand, 롭 샷lob shot, 오버헤드 샷overhead shot, 미드코트 발리midcourt volley, 퍼스트 서브first serve, 퍼스트 서브와 다른 세컨드 서브second serve도 잘해야 한다.

마켓 메모
Market Memo
2003. 3. 17

우리는 지난 21일에 걸쳐 바닥 구축 과정이 진행되는 것을 관찰했습니다. 이 과정에서 사실상 선도 지수인 나스닥이 근래의 저점으로 이동하는 가운데 13일 동안 매집이 이뤄졌습니다. 이런 움직임은 오늘 모든 지수에서 팔로 스루가 나오면서 확정됐습니다.

우리는 시장이 2002년 10월 저점 바로 위까지 일시적으로 후퇴하고 2003년 2월 13일 최근 저점을 깨면서 10월 저점을 성공적으로 재시험했다고 생각합니다. 이는 논리적인 일시적 후퇴 지점으로 볼 수 있으며, 우리는 이제 시장 환경을 개선할 무대가 마련되었다고 믿습니다. 이 근래의 저점 깨기는 또한 모든 주요 시장 지수에서 2002년 12월 2일에 형성된 고점을 기준으로 3파 하락에 해당한다고 볼 수 있습니다.

우리가 확인한 바에 따르면 나스닥은 200일 이동평균선 위로 상승하려고 3번이나 시도했지만 매번 실패했습니다. 이 3번의 실패가 많은 투자자들에게 부정적인 확신을 심어준 이후 지금은 투자 심리에 변화가 일어나고 있습니다. 이제 나스닥은 200일 이동평균선 위로 상승하기 위한 네 번째 시도에 성공할 것으로 전망됩니다. 이는 우리가 보기에 긍정적인 신호입니다.

우리는 이라크전이 궁극적으로 시장에 긍정적인 영향을 미칠 것이며, 테러 지원국들이 테러 조직과 연계되거나 그들을 돕는 것을 재고하게 만들 것이라고 믿습니다. 또한 이라크 문제가 해결되면 해당 지역에서 자유시장과 민주주의가 확대될 게 분명합니다. 이는 베를린장벽이 붕괴된 이래 갈수록 많은 나라들이 민주주의와 자유시장을 향해 나아가는 '슈퍼 트렌드super trend'의 연장선이 될 것입니다. 또한 이라크에서 정권 교체가 이뤄지면 해당 지역에서 석유가 보다 자유롭게 공급되어 유가는 낮아지고 미국 경기 회복이 촉진될 것입니다. 위기 종식은 소비자 신뢰도도 높여줄 것입니다. 이는 부시 행정부의 '정치 자본political capital'을 늘려서 약간의 개정과 함께 경기 부양책이 통과되게 해주는 추가적인 효과도 가져올 것입니다.

우리는 시장의 부정적인 요소들이 수명을 다했다고 생각합니다. 3년 동안의 약세장은 해당 부문을 선도하고, 우월한 제품 및 서비스를 갖고 있으며, 8개 분기에서 12개 분기 연속 강한 이익 증가율을 기록한 기업들의 주식 가치를 적절한 수준으로 만들었습니다. 구체적인 투자 아이디어를 원하는 고객들은 우리의 〈뉴 스톡 마켓 아이디어New Stock Market Ideas〉와 〈빅 캡 인덱스 플러스Big-Cap Index Plus〉 서비스를 참고해주십시오.

---

* 핵심 전환점에서 윌리엄 오닐 플러스 코의 600여 기관투자자 고객에게 윌리엄 오닐 회장이 발송한 마켓 메모.

서평

리처드 햄튼Richard Hampton: 저는 노동자입니다. 공장에서 일하는 평범한 사람이죠. 저는 네 아이를 위한 대학 학자금과 약간의 은퇴 자금을 마련하려고 어떤 주식에 투자했습니다. 3년 전에 확인해보니 거의 7만 달러였던 돈이 1만 2,000달러로 줄어들어 있었습니다. 저는 남은 돈을 빼내서 더 크고 안정적인 회사에 투자했습니다. 이 주식은 1년 넘게 잘 오르더니 역시 하락하고 말았습니다. 그 결과, 투자금이 5,000달러 정도밖에 남지 않았습니다. 9개월 전, 저는 컴퓨터 사전으로 용어를 익히면서 당신의 증권지를 샅샅이 읽기 시작했습니다. 저는 특히 인베스터스닷컴의 스톡 체크업Stock Checkup을 종목 선정 기준으로 많이 활용했습니다. 덕분에 처음 투자한 3,000달러가 지금은 1만 4,000달러가 되었고, 처음으로 투자에 대한 자신감을 얻게 되었습니다. 어쩌면 그냥 운이 좋았던 것일 수도 있지만, 저는 당신이 제공한 정보를 착실히 따른 덕분이라고 생각합니다.

저는 당신의 증권지가 투자 시 참고할 만한 충분한 가치를 지니고 있다고 믿습니다. 이런 이유로 제가 아는 사람이 투자에 나선다고 하면 참고해보라고 매번 적극 권하고 싶습니다. 당신의 증권지는 이전에 구독했던 다른 증권지보다 이해하기 쉽습니다. 누구도 소액 투자자들을 신경 쓰지 않습니다. 우리는 스스로 잘 살펴 투자해야 합니다. 이런 이유로 저 같은 소액 투자자에게는 쉽게 이해할 수 있는 정보가 절실합니다. 당신의 증권지와 온라인 서비스는 제게 이 모든 것을 제공했습니다. 저는 그저 시간을 내서 이용법을 익히기만 하면 됐습니다.

데니스 콜먼 Dennis Coleman: 저는 당신의 투자 철학을 신뢰하는 3년 동안 당신의 규칙과 IBD를 충실히 따랐습니다. 덕분에 수익이 개선되어 너무나 감사한 마음입니다.

루스 배티 Ruth Battey: 저는 1990년에《주식으로 돈 버는 법》을 읽은 후 주식 투자를 시작했습니다. 이 책은 제게 믿을 수 없는 도움을 주었습니다. 당신은 주식시장의 모든 측면을 너무나 잘 설명해주었습니다. 또한 저는 그해부터〈인베스터스 비즈니스 데일리〉를 구독하고 매일 두 시간씩 공부하고 있습니다. 안정적으로 투자할 수 있도록 도와주셔서 감사합니다.

키스 볼드윈 Keith Baldwin: 투자자들이 스스로 결정을 내릴 수 있도록 교육하고 북돋는 한편 신뢰할 만한 데이터를 제공하는 효과적인 증권지를 만들어주셔서 감사합니다.

조너선 굿윈 Jonathan Goodwin: IBD는 지난 10년 동안 제 삶의 일부였습니다. 제게 IBD는 최고의 증권지입니다. IBD는 돈에 대한 제 사고방식을 바꾸어놓았습니다. 또한 2000년 주식시장이 고점을 찍었을 때 많은 돈을 잃지 않게 해주었습니다. 저는 5년 후 은퇴할 예정인데, 은퇴 이후의 삶을 준비할 수 있었던 것은 75퍼센트 정도는 IBD 덕분이라고 생각합니다.

마이클 버튼 Michael Burton : 저는 아버지가 없는 아이의 멘토입니다. 저는 3년 동안 매주 그 아이를 만났습니다. 저는 〈리더와 성공Leaders & Success〉이라는 칼럼을 통해 그 아이가 이롭게 활용할 수 있는 메시지를 전달하고 있습니다. 이 방법이 통하는 것은 놀라운 일이 아닙니다. 저는 사고방식이 우리의 사람됨을 좌우한다고 확신합니다. 이제는 그 아이의 친구들까지 모여 같이 토론하는 모습을 보면 2배로 만족스럽습니다. 이 아이들의 삶에 긍정적인 영향을 주서서 감사드립니다.

애닛 오코너 Annette O'Connor : 지난 3개월 동안 저는 당신의 증권지가 매일 추천하는 주식들을 매수해서 퀵컨Quicken 포트폴리오에 넣었습니다. 이 주식들은 아주 좋은 수익률을 올렸습니다. 저는 또한 자료를 조사하고 당신의 웹사이트에 있는 차트를 살펴본 후 많은 주식을 매수했습니다. 차트를 완전히 이해하기까지는 아직 갈 길이 멀지만 당신의 증권지에 쓴 돈은 충분한 가치가 있었습니다. 저는 CNBC와 다른 증권 방송도 듣지만 당신의 증권지에 실린 조언이 모든 측면에서 훨씬 낫다고 생각합니다. 저는 또한 매도 조언도 그대로 따르고 있습니다. 몇 년 전에 이런 것들을 알았더라면 많은 돈을 잃지 않았을 겁니다. 감사합니다!

스코트 세인트 클레어 Scott St. Clair : IBD와 《주식으로 돈 버는 법》은 운 좋은 소수만 얻을 수 있는 금전적 자유를 제게 선물해주었습니다. 저는 1995년에 오닐 시스템을 활용해 중개인 겸 투자자로 투자를 시작했습니다. 오닐 시스템은 2000년까지 세 자릿수 수익률을 올려주었을 뿐 아니라 그해 형성된 거대한 고점을 파악할 수 있도록 도와 수익을 지키게 해주었습니다. (저는 2000년에 대부분의 기간 동안 공매도해서 최고의 수익을 올렸습니다.) 그러다가 강세장이 재개되자 이 도구들을 통해 최고의 주식에 집중할 수 있었습니다.

랜디 스토츠 Randy Stotts: 저는 얼마 전부터 IBD를 활용하기 시작했습니다. 덕분에 매매 습관의 토대를 만들 수 있는 좋은 정보들을 마침내 얻게 되었습니다. 당신의 스마트셀렉트SmartSelect® 점수는 견실한 주식을 고르고 부실한 주식을 회피하는 것을 쉽게 해주었습니다. 다시 올바른 방향에서 시작할 수 있게 해준 도구를 알려주어서 감사드립니다. 이제는 한번 해볼 만하다는 생각이 듭니다.

리처드 영블러드 Richard Youngblood: 좋은 투자 시스템을 가르쳐주셔서 빌 오닐과 IBD에 감사드립니다. 시장이 상승세일 때 바닥을 벗어나는 종목을 매수하고, 하락 시 재빨리 손절해야 한다는 개념은 지금 같은 약세장에서는 생명줄 같은 가르침입니다. 최근에는 매수 기회가 거의 없어서 투자금을 안전하게 지키고 있습니다. 진작 당신의 투자법을 완벽하게 받아들였더라면 좋았을 거라는 생각이 듭니다. 장이 좋아져 캔 슬림을 다시 활용할 수 있게 되기를 바랍니다. 다시 한 번 감사드립니다.

그렉 레이논 Gregg Rainone**:** IBD는 주식 투자에 필수적이며, 윌리엄 오닐은 현대 주식시장과 관련하여 최고의 교육자입니다. 그가 투자자들에게 준 도움은 사실상 자선에 가까울 정도로 엄청납니다. IBD의 '빅 픽처' 페이지와 다른 관련 데이터를 매일 확인하는 것은 투자자의 의무입니다.

바버라 제임스 Barbara James**:** 제게는 IBD, 데일리 그래프 온라인, 인더스트리 그룹Industry Groups이 매일 필요합니다. 저 같은 아마추어 투자자에게 많은 정보와 지식을 제공해주셔서 IBD에서 일하는 모든 분에게 감사드립니다.

그레이 홀 Grey Hall**:** 1년여 전에 윌리엄 오닐이 쓴 《주식으로 돈 버는 법》을 샀습니다. 저는 소심하게 5,000달러만 투자했는데, 그의 조언을 활용해서 매매한 결과 첫 해 2배의 수익을 올렸습니다. 이제 저는 주식 투자 2년 차가 되었으며, 포트폴리오의 수익률은 현재 24퍼센트에 이릅니다. 이런 실적은 IBD와 인베스터스닷컴을 구독한 후에 올린 것으로, 이 훌륭한 도구들이 제게 심어준 원칙의 결과는 매우 분명합니다. 처음에 느꼈던 망설임은 어느덧 완전한 확신으로 바뀌었습니다. 이제 저는 포트폴리오의 가치를 꾸준하게 늘리는 데 필요한 선택을 할 수 있게 되었습니다. 감사드립니다. 어디서 조언을 구해야 할지 모르는 소액 투자자들에게는 이것보다 나은 것은 없다는 말씀을 드리고 싶습니다.

랜디 맥켈하논 Randy Mcelhanon**:** 저는 2001년 10월 친구에게 IBD에 대한 이야기를 들었습니다. 당시 저는 월드컴 주식을 주당 15달러에 매수한 상태였습니다. 저는 당신이 제시한 주식 프로필에 따라 제가 보유한 주식을 검토한 후 월드컴을 즉시 처분해야 한다는 사실을 깨달았습니다. 그래서 주당 15달러에 매도했는데 지금은 15센트까지 주가가 내려갔죠. IBD, 고마워요! IBD를 몰랐다면 지금 어떻게 되었을지 생각하기도 싫습니다. 지난 8개월 동안 IBD는 주식시장에서 어떻게 돈을 벌어야 하는지 가르쳐주었습니다. 새로운 강세장이 시작될 때 제가 이룰 성과에 벌써 마음이 설렙니다.

에릭 마틴스 Eric Martins: 당신의 증권지는 최고입니다! 제 친구와 가족들이 모두 주식을 계속 보유하고 있다가 손해를 볼 때 저는 주식에서 발을 뺀 덕분에 수천 달러를 아낄 수 있었습니다. 이후 기술적 분석을 활용하는 법을 익히고 나서는 여러 종목이 하락할 때 발을 뺄 수 있었습니다. 또한 당신의 산업 순위를 참고해서 부진한 업종에 속한 주식들을 처분했습니다. 계속 수고해주세요. 저는 당신의 증권지를 많은 사람들에게 추천하고 있습니다.

킴 파크허스트 Kim Parkhurst: 그저 칭찬을 한마디하고 싶습니다. 저는 3주 전만 해도 주식시장에 대해 아무것도 모르고 한 푼도 투자한 적 없는 초보 투자자입니다. 윌리엄 오닐의 《주식으로 돈 버는 법》과 IBD, 그리고 그 웹사이트에 있는 뛰어난 정보와 학습 자료, 조언 덕분에 저는 오랫동안 투자한 (그리고 돈을 잃은) 사람들보다 많은 것을 알게 되었습니다. 감사드립니다. 계속 수고해주세요!

마이크 구드 Mike Goode: 〈인베스터스 비즈니스 데일리〉는 제가 돈을 벌 수 있도록 도와주었습니다. 덕분에 수익이 이전보다 2배나 늘었습니다. 제가 〈인베스터스 비즈니스 데일리〉를 정말로 좋아하는 이유 중 하나는 100퍼센트 오른 수많은 종목뿐 아니라 200~300퍼센트 오를 종목들을 찾아낼 수 있기 때문입니다. 저는 캔 슬림의 효과를 크게 기대하고 있습니다. 이 투자 철학은 거의 모든 투자자들이 흔히 저지르는 많은 실수를 피하도록 도움을 주었습니다. 캔 슬림의 일곱가지 요건을 제대로 살펴야 합니다. 저는 주식 투자를 하려는 모든 사람에게 《주식으로 돈 버는 법》을 읽고, 책에 나온 차트를 보고, 이를 몇 번이고 다시 읽으라고 말하고 싶습니다.

로버트 펄란 Robert J. Furlan: 저는 33살이며, 1990년부터 IBD를 구독했습니다. 대학 시절에 〈월스트리트저널〉을 구독하다가 졸업 후 2주 무료 구독으로 IBD를 접하게 됐습니다. 그 이후 제 삶은 크게 바뀌었습니다. IBD의 원칙들은 제게 딱 맞아떨어졌습니다. 말할 필요도 없이 저는 〈월스트리트저널〉 구독을 취소했으며, IBD는 저의 성경이 되었습니다. 친구와 가족들은 제게 종목을 골라달라고 부탁합니다. 1994년 8월 동업자와 함께 투자조합을 시작했습니다. 우리는 공인회계사로, 같은 회계법인에서 일하는 동료였습니다. 우리는 IBD를 읽고 점심시간마다 주식에 대한 이야기를 나누었습니다. 우리는 1만 5000달러로 투자를 시작했는데, 지금은 30여 명의 투자자와 함께 200만 달러를 운용하고 있습니다. 덕분에 공인회계사 일을 그만두고 전업투자자가 되었습니다. 2000년은 우리에게 특별한 해였습니다. 주가가 크게 하락했는데도 우리의 투자금은 40퍼센트 넘게 불어났기 때문입니다. 우리는 (이전에 돈을 벌어준) 모든 인기 기술주를 보유하고 있었지만

IBD 덕분에 매도법을 알고 있었습니다. 우리가 200달러에 매도한 기술주는 현재 10달러에 거래되고 있습니다. 우리는 이런 주식이 하락하는 도중에 매수하려 드는 어리석은 짓을 저지르지 않았습니다. IBD의 원칙을 모두 적절하게 따르면 (여기서 '모두'가 중요한 부분입니다) 절대 학살극에 휘말릴 일이 없습니다. 저는 공인회계사로 10년 동안 번 돈보다 윌리엄 오닐의 원칙과 IBD의 데일리 그래프를 매일 자료로 삼아 주식 투자를 하면서 더 많은 돈을 벌었습니다. 이제 저는 평생 정말 하고 싶은 일만 하면서 돈을 벌 수 있게 되었습니다. 그러나 IBD가 없다면 어떻게 해야 할지 알 수 없을 겁니다. IBD는 분명 제게 황금 같은 가치가 있습니다.

애드리언 맥기디 Adrian Mcgeedy: 투자 세계에 들어서고 싶으신가요? 〈인베스터스 비즈니스 데일리〉는 제가 접한 유일하게 가치 있는 증권지입니다. 〈인베스터스 비즈니스 데일리〉는 당신을 지켜주고 떠받쳐줄 것입니다.

비라 레디 Veera Reddy: 저는 단기간에 IBD와 윌리엄 오닐의 팬이 되었습니다. 그래서 저의 성공담을 나누고 싶습니다. 2000년 5월 처음 미국에 왔을 때 저는 어떤 투자 전략도 갖고 있지 않았습니다. 그래도 두 달 후 무작정 시장에 뛰어들었습니다. 저는 친구와 동료들의 말만 듣고 시스코 시스템즈, 노텔 네트워크, JDSU, 인텔 같은 기술주들을 사들였습니다. 그러나 슬프게도 근본적인 매도 규칙을 몰랐기 때문에 투자 자금의 50퍼센트 이상을 잃고 말았습니다. 투자 지식을 얻으려고 여러 사이트를 돌아다녔지만 크게 도움되는 것이 없었습니다.

그러다가 IBD를 알게 되었고, 마음에 들어서 구독했습니다. 저는 오닐이 쓴《주식으로 돈 버는 법》도 읽었습니다. 저는 이 책을 성경처럼 대합니다. 저는 돌파 지점에서 매수하는 법을 배웠으며, 매도 규칙은 아직 배우는 중입니다. 저는 특히 '리더와 성공' 코너를 좋아합니다. 제가 힘차게 살아가도록 의욕을 불어넣어주고 성공에 도움이 되는 긍정적인 관점에서 삶을 바라보도록 해주기 때문입니다. IBD는 실로 저의 가장 큰 중독 대상 중 하나입니다.

켈리 코들 Kelly Caudle : 저는 몇 달 전부터 남편과 함께 IBD를 이용하기 시작했습니다. 그 이후부터 심지어 지금처럼 변동이 심한 시장에서도 돈을 벌고 있습니다. 우리는 현재 시장의 변동성 때문에 대부분의 투자금을 현금화했습니다. IBD는 다른 모든 투자자문가들이 시장으로 돌아가라고 말할 때도 정확한 예측을 했습니다. IBD는 이런 상황에서 신중을 기하고 발을 빼는 편이 좋겠다고 말한 유일한 증권지였습니다. 계속 수고해주세요!

짐 엘더 Jim Elder : '리더와 성공' 코너는 저의 아침 일과에서 가장 중요한 부분을 차지합니다. 이 코너는 의욕을 불어넣어서 하루를 긍정적으로 시작하도록 해줄 뿐 아니라 삶을 개선하는 방법에 대해 생각할 거리를 줍니다. 또한 저는 제가 배운 교훈을 대학에 다니는 아이들에게 이야기해주며 대다수 성공한 사람들이 우리처럼 평범하게 시작했다는 사실을 알려주기도 합니다.

스티브 가델스 Steve Gardels : 저는 아내와 함께 IRA와 401K를 통해 뮤추얼펀드에만 투자했습니다. 우리는 IBD의 조언에 따라 오랫동안 성장형 펀드를 보유했습니다. 그러다가 2000년 초 모든 성장형 펀드가 같은 주식(시스코 시스템즈, 선 마이크로시스템즈, 델 및 기타 인터넷 주)을 보유하고 있다는 사실을 알게 되었습니다. 그래서 뮤추얼펀드가 아니라 소수의 주식을 보유하고 있는 기분이 들었습니다. 이런 기분과 IBD 때문에 우리는 2000년 3월에 주식을 모두 처분했습니다. 그 결과, 우리는 대다수 사람들처럼 큰 손실을 입지 않은 덕분에 일찍 은퇴할 수 있었습니다. 고마워요, IBD. 당신들 덕분에 성공할 수 있었습니다.

짐 뮤지얼 Jim Musial: 저는 초보 투자자이며, IBD를 구독한 지 2년 되었습니다. 저의 '전문' 자산관리자는 지난 18개월 동안 저의 포트폴리오를 그다지 잘 보호해주지 못했습니다. 그 결과, 뮤추얼펀드에서 40퍼센트나 넘게 손실이 났습니다. 반면 제가 개인적으로 운용하는 '학습용' 포트폴리오는 같은 기간 동안 6퍼센트라는 양호한 수익을 냈습니다. 제가 '흑자'를 낸 이유는 명백히 IBD의 투자법을 따랐기 때문입니다. 저는 '뉴 아메리카New America' 코너가 매일 공부할 만한 잠재적 후보 종목들을 제공한다고 생각합니다. 저는 여기서 2개의 대박주를 찾았습니다. 저 같은 초보 투자자가 약세장에서 대박주를 찾을 수 있다면 모두가 할 수 있습니다. 저는 이제 스스로 투자할 준비가 되었습니다. 고마워요, IBD.

앨런 테런스 칸 Alan Terence Kahn: 저는 2000년 12월에 당신의 증권지에서 차트와 연혁을 보고 엔지니어드 서포트 시스템Engineered Support Systems을 매수했습니다. 제가 처음 산 주식이었죠. 결론을 말하자면 EASI를 22.10달러에 사서 2001년 11월 주당 53달러에 팔았습니다. 125퍼센트의 이익을 올린 거죠. 이전에는 한 번도 없었던 일입니다. 매집/분산의 큰 변화가 랠리하는 동안 처분하라는 신호를 주었습니다. 당신은 제게 멋진 신세계를 열어주었습니다. 당신에게 감사드립니다. 저는 앞으로 15년 동안 1000만 달러를 모을 계획입니다. 갈 길이 멀지만 IBD가 제게 도움을 줄 거라고 믿습니다. 다시 한 번 깊이 감사드립니다.

마크 로센버그 Mark Rothenberg: 《주식으로 돈 버는 법》을 읽고 IBD를 매일 읽으면서 마침내 저는 투자의 모든 퍼즐을 맞출 수 있게 되었습니다. 알고 보니 그것은 전혀 퍼즐이 아니었습니다. 단지 제시된 그대로 철학과 규칙을 고수하면 성공이 뒤따르는 것이었습니다. 저는 덕분에 더 빨리 은퇴할 수 있기를 바랍니다.

베넷 사이먼튼 Bennet Simonton: 당신의 증권지는 제가 오랫동안 읽었던 〈월스트리트저널〉보다 훨씬 낫습니다. 〈월스트리트저널〉에는 투자자들이 필요로 하는 것이 없습니다. 당신의 기업 관련 기사들은 매우 도움이 됩니다.

리 스미스 Lee Smith: 〈인베스터스 비즈니스 데일리〉는 투자의 성공적인 도구가 되는 유일한 증권지입니다. 저는 주식중개인으로서 10년 동안 배운 것보다 더 많은 것을 거기서 배웠습니다.

존 바셋 Jon E. Bassett: 저는 얼마 전에야 IBD와 친숙해졌습니다. 이 탁월한 중권지를 처음부터 알았더라면 얼마나 좋았을까요! IBD가 제공하는 정보를 활용한 이후 투자에 성공하는 경우가 몇 배 늘었습니다. 대단히 유용하고 흥미로운 증권지를 만들어주셔서 감사합니다! 당신의 전문적인 스태프에게 제가 기대하고 있는 훌륭한 일을 계속해주세요. 그들에게 일을 잘한 데 대한 감사의 말을 전해주세요.

J. R. 홉스 Hobbs: 올해 저의 계좌를 보고 S&P보다 너무나 높은 수익률을 올려서 깜짝 놀랐습니다. 시장을 따라잡으려면 원칙이 필요합니다. 당신의 증권지와 웹사이트만큼 제게 도움을 준 것은 없습니다.

앨런 테런스 칸 Alan Terence Kahn: IBD를 읽지 않았다면 어떤 성공도 이루지 못했을 겁니다. IBD가 아니었으면 저는 맹목적으로 매수하고 보유했을 것이 분명합니다. 저는 만나는 모든 사람에게 당신의 증권지를 추천합니다. 더 많은 투자자들이 IBD를 알아야 합니다. 당신의 도움에 감사드립니다.

존 모이어스 John Moyers: 당신의 증권지가 제게 얼마나 큰 도움이 되었는지 모릅니다. 저는 1995년에 석사 학위 과정과 박사 학위 과정을 밟을 때 UPS에서 야간 근무를 하면서 돈을 모았습니다. 과로로 거의 죽을 뻔했죠. 그러다가 〈포춘〉을 읽기 시작했고, 어느 날 당신의 증권지를 손에 들게 되었습니다. 그리고 매료되었습니다. 그로부터 1년이 채 지나지 않아서 저는 우리 집안에서 최초로 백만장자가 되었습니다. 당신의 증권지는 제가 활용한 팁의 90 퍼센트를 제공했고, 나머지 10퍼센트의 절반으로 인도했습니다. 어떻게 감사드려야 할지 모르겠습니다. 당신의 증권지는 실로 천재적인 작품입니다.

마릴린 엘리스 Marilyn Ellis: 저는 1980년대 말에 CNBC에서 윌리엄 오닐을 보았고, 그의 예측 내용을 확인했는데 정확했습니다! 정말 눈이 번쩍 뜨이는 기분이었습니다! 오닐의 캔 슬림 투자법을 배우면서 저와 남편은 일찍 은퇴해서 꿈꾸던 집을 짓게 되었으며, 몇 년에 걸친 유럽 여행을 계획하고 그날을 고대하고 있습니다. IBD를 접하기 전에는 이룰 수 있을 것이라고 꿈도 꾸지 못했던 삶이죠. 우리는 이제 상승장에서 기쁘게도 연 100퍼센트의 수익을 올리는 데 익숙해졌고, 약세장에서는 감사하게도 안전하게 물러나 있게 되었습니다. 고마워요!

조이 윌슨 Joey Wilson: 당신의 도움에 너무나 감사드립니다. 덕분에 제 삶에 상상치 못했던 변화가 일어났습니다. 저는 52살에 벌써 평생 쓸 충분한 돈을 모았습니다. 개인적 고통 때문에 사회생활에 어려움을 겪게 된 뒤 여러분을 찾았습니다. 감사의 말로는 부족하지만 제가 할 수 있는 건 고마움을 표하고 당신이 전한 말을 사람들에게 알리는 것뿐입니다. 제 삶을 되찾아주셔서 감사합니다.

프레드 베네데토 Fred Benedetto: 저는 IBD를 창간 때부터 읽었습니다. 처음 투자했던 5,000달러는 3년 후 5만 달러로 불어났습니다. 그 비결이 뭐냐고요? 바로 IBD입니다. 주식시장의 정상에 서고 싶다면 〈인베스터스 비즈니스 데일리〉가 유일한 도구입니다. 더 말할 필요가 있나요?

부록 E

약세장에 대한 경고!

마지막으로 조언할 말이 있다. 주식시장 또는 이 책에서 제시한 역사적으로 시험되고 검증된 전략들을 처음 접한다면, 보다 중요하게는 약세장의 초기나 중기에 이 책을 처음 읽는다면 추정에 따른 매수 패턴이 통할 것이라고 기대하지 마라. 대다수는 분명 결함이 있을 것이다. 약세장에서는 돌파 시 절대 매수하지 마라.

주가 패턴은 이전 패턴과 비교할 때 너무 깊고 넓고 느슨할 것이다. 또한 3차 또는 4차 바닥일 것이며, 저점을 밀어올리거나 느슨하고 엉성한 손잡이가 있을 것이다. 그리고 바닥의 하단에서 손잡이가 생기거나 손잡이를 만들지 않은 채 바닥의 저점에서 신고점으로 곧장 상승하면서 좁은 V자 형태를 보여줄 것이다. 일부 패턴은 상대강도선이 하강하고 거래량이 상반되는 경우가 너무 많거나, 매주 주가 변동폭이 넓은 가격 패턴을 지닌 부진 종목을 보여줄 것이다.

바닥이나 돌파 또는 투자법이 더 이상 통하지 않는 것이 아니다. 타이밍과 종목이 완전히 달라졌을 뿐이다. 주가와 거래량 패턴은 가짜이고, 결함이 있으며, 부실하다. 전체 시장은 부정적인 방향으로 돌아서고 있다. 지금은 매도할 때다. 인내심을 갖고, 계속 공부하고, 100퍼센트 준비 태세를 갖춰라. 나중에 전혀 예상치 못한 때, 모든 뉴스가 끔찍할 때 마침내 겨울이 지나가고 엄청난 새로운 강세장이 갑자기 되살아날 것이다. 여기서 다룬 실용적인 기법과 검증된 원칙은 앞으로 전개될 수많은 경제 주기에서 당신에게 도움을 줄 것이다.

윌리엄 오닐의
성공 투자 법칙

초판 1쇄 발행 2021년 7월 18일
초판 5쇄 발행 2024년 2월 5일

지은이 윌리엄 오닐

펴낸곳 ㈜이레미디어
전　화 031-908-8516(편집부), 031-919-8511(주문 및 관리)
팩　스 0303-0515-8907
주　소 경기도 파주시 문예로 21, 2층
홈페이지 www.iremedia.co.kr
이메일 mango@mangou.co.kr
등　록 제396-2004-35호

편집 허지혜 | **디자인** 유어텍스트 | **마케팅** 김하경
재무총괄 이종미 | **경영지원** 김지선

ISBN 979-11-91328-23-3　03320

• 가격은 뒤표지에 있습니다.
• 잘못된 책은 구입하신 서점에서 교환해드립니다.
• 이 책은 투자 참고용이며, 투자 손실에 대해서는 법적 책임을 지지 않습니다.

당신의 소중한 원고를 기다립니다. mango@mangou.co.kr